VON ANIS BIS ZIMT

Günter und Erna Linde

VON
ANIS BIS ZIMT

Kleine Gewürzfibel

Verlag für die Frau · DDR Leipzig

Linde, Günter:
Von Anis bis Zimt: kleine Gewürzfibel / Günter u. Erna Linde.
— 3. Taschenbuchaufl. — Leipzig: Verlag für die Frau, 1986.
— 144 S.: Ill.

ISBN 3-7304-0094-0

3. Auflage 1986
Taschenbuchausgabe
© 1972 Verlag für die Frau, DDR Leipzig
Druckgenehmigungsnummer: 126/405/78/86
Gesamtausstattung: Ulrich Schreiber, Berlin
Lichtsatz und Reproduktion: Ostsee-Druck Rostock
LSV 9229 . Best.-Nr. 673 184 5
00640

Inhalt

„Guten Tag,
Herr Gärtnersmann,
haben Sie Lavendel,
Rosmarin und Thymian
und ein wenig Quendel?

Fräulein, ja, das haben wir
hier in unserem Garten.
Wollen Sie so gütig sein
und ein wenig warten.“

Vorwort

Sie stehen auf dem Küchenbord, aufgebaut in Reih und Glied, die Gewürznäpfchen. Manchmal sind es kleine weiße Porzellandosen oder Keramikbüchsen, manchmal bunte Plastikbehälter oder etikettierte Gläser mit Gewürzmischungen. Verführerisch leuchten die Aufschriften: Anis, Nelken, Zimt. Wenn man die Deckel lüftet, entströmen unbeschreibliche Wohlgerüche.

Riechen Sie mal!

Muskat, nicht wahr?

Und das?

Erinnert irgendwie an Orient und Tausendundeinenacht!

Wir haben wieder eine Vorliebe für Gewürze aller Art endeckt. Das alte, handgeschriebene Rezeptbuch mit Aufzeichnungen über Dillgurken und Dresdner Stollen hat einen Ehrenplatz im Bücherschrank erhalten. Es wurde aufgewertet wie die Truhe, in der es, vergilbt und fast schon vergessen, so lange Zeit gelegen hat. Wer daheim Gäste erwartet, stellt nicht nur Gerichte aus dem Menüladen auf den Tisch, sondern setzt auch einmal seinen Ehrgeiz darein, eine eigene Salatmarinade zu komponieren – zusätzlich.

Tatsache ist, daß das Wissen um die Macht der Gewürze, das unsere Großmutter noch besaß und meisterhaft anzuwenden verstand, durch die Beschäftigung mit Nahrungsenergie und Vitaminen fast verdrängt worden ist.

Gewürze seien ungesund, hieß es lange Zeit. Heute hat sich herausgestellt, daß das völlig falsch war. Untersuchungen moderner Ernährungswissenschaftler haben ergeben, daß Gewürze, in mäßigen Dosen und regelmäßig verwendet, auch Heilmittel sind. Sie machen Speisen nicht nur schmackhafter, sondern auch bekömmlicher, fördern Blutkreislauf und Verdauung. Es ist kein Zufall, daß man schon immer – instinktiv richtig – Würsten und fettem Fleisch Senf beigegeben hat.

Doch zurück zum Küchenbord mit den Gewürzdosen. Greifen Sie nur zu! Alles ist da: Senf, Vanille, Majoran, Thymian und Gewürzmischungen – die, nach modernen Gesichtspunkten zusammengestellt, eine echte Hilfe für die Küche in unserer Zeit darstellen. Aber aufgepaßt – beim Würzen kommt es aufs richtige Fingerspitzengefühl an. Und – wie Wilhelm Busch meinte – auf die Zunge:

„Gar lieblich dringen aus der Küche
bis an das Herz die Wohlgerüche.
Hier kann die Zunge, fein und scharf,
sich nützlich machen, und sie darf.‟

„*Gewürtz* sind diejenigen Specereyen, welche theils um der Gesundheit, theils um eines guten Geschmacks willen an die Speisen und Artzeneyen gethan werden: Sie müssen einen angenehmen scharffen Geruch und Geschmack haben, überhaupt hitziger, flüchtiger und geistiger Natur seyn, denen Säfften und Geistern, Leben und Bewegung geben, indiciren, verdünnen, öffnen und zertheilen können . . . ja hierher gehören auch die Pflantzen und Kräuter, welche deswegen gewürzhafte Aromatica genennet werden.

Diejenigen, so dergleichen verkaufen, heißen Materialisten und Gewürtz-Krämer aus Mißbrauch aber auch Apotheker."

(Aus einem Lexikon aus dem Jahre 1732)

Nicht nur Pfeffer und Salz

Zu allen Zeiten haben Menschen zu ihrer Nahrung auch Gewürz genommen. Gewürz kommt von Wurz, Wurzel. In grauer Vorzeit, als das Wort entstanden sein mag, wuchsen Meerrettich und Sellerie wild hinter der Wohnhöhle. Ihre Wurzeln wurden ausgegraben. Gekaut und gerieben paßten sie gut zum Spießbraten. Sie machten Appetit.

Es blieb nicht bei Wurzeln. Auch Beeren, Früchte, Kraut, Schalen und sogar Baumrinde kamen hinzu. Im Pflanzenreich fanden sich in großer Anzahl Produkte, geeignet als Zugabe, Speisen schmackhafter und bekömmlicher zu machen. Was man nicht sofort verzehrte, wurde getrocknet und als Vorrat genommen.

Durch Raub- und Eroberungskriege, durch die Kreuzzüge und den wachsenden Handel kam später die Bekanntschaft mit Gewürzen, die noch schärfer und aromatischer waren als die aus eigener Ernte. Sie wurden auf weiten Wegen aus tropischen Ländern geholt. Specereyen nannte man sie. Epices nennen sie noch heute die Franzosen, spices die Engländer. Sie sind das, was man heute unter den echten Gewürzen versteht.

Im übrigen haben wir zwischen Gewürzen im engeren und weiteren Sinne zu unterscheiden:

1. *Gewürze im engeren Sinne* sind Pflanzenprodukte, gleichgültig woher sie stammen. Auch die Würzkräuter aus Feld und Garten zählen dazu.

2. *Gewürze im weiteren Sinne* sind vorwiegend nichtpflanzlicher Herkunft: Käse, Fleischextrakt und Essig, auch Essenzen, die synthetisch hergestellt werden, Salz, das einzige anorganische Gewürz unserer Küche, und Zucker.

In unserem Abc soll Platz für alle Gewürze und Würzen sein. Genauer gesagt, für alle wichtigen. Auf den Abbildungen sind darüber hinaus noch wenige weitere Gewürze dargestellt, die nicht mehr gehandelt werden.

Eine Fibel ist kein Nachschlagewerk, das Anspruch auf Vollständigkeit erhebt. Sie kann nur dem interessierten „Lehrling" in der Gewürzküche einen Überblick verschaffen und Anregungen für eigene Experimente mit den im Handel angebotenenen Gewürzen und Gewürzmischungen geben.

Feinschmecker sind schnelle Esser

Es gibt Menschen, die von Natur aus eine „begnadete" Nase haben, Riechkünstler von Geburt an. Wie jener k. und k. Stadtkommandant, der Schwejks betrunkenen Wachtmeister zu sich befahl: „Hauchen Sie mich mal an!" und sofort mit Sicherheit wußte: Rum, Kontuschowkaschnaps, Griotte, Kirsch-, Nußoder Vanillelikör.

Die Empfindlichkeit unserer Nasen ist individuell recht verschieden. Auch die unserer Zungen. Sie ist in der Regel bei Kindern am größten und nimmt nach dem 45. Lebensjahr ab. Sie kann aber schon vorher Schaden nehmen, wenn wir Riech- und Geschmacksorgane überhaupt nicht in Übung halten und verkümmern lassen – oder auch umgekehrt durch übertriebene Inanspruchnahme abnutzen und abstumpfen. Alle Organe müssen bewegt werden, brauchen Gymnastik – auch Zunge und Nase. Man kann sie – wie Sportler es auf ihre Art tun – trainieren und zu Höchstleistungen befähigen. Probieren Sie es mal aus: Süß und salzig werden am besten von der Zungenspitze empfunden. Sauer von den Zungenseiten. Bitter auf dem Zungengrund.

Manches schwächt sich gegenseitig ab – süß und salzig zum Beispiel. Anderes verstärkt sich gegenseitig – salzig, sauer und bitter. Süße Speisen schmecken weniger süß, wenn man sie heiß verzehrt. Tee schmeckt besonders gut, wenn er heiß ist. Weißwein nur, wenn er kalt getrunken wird.

Der erste Bissen schmeckt immer am besten. Das ist eine Binsenweisheit. Die Geruchs- und Geschmacksempfindungen lassen nach, wenn sie längere Zeit anhalten. Und der Appetit, den man anfangs noch deutlich spürt, schwindet.

Feinschmecker sind schnelle Esser, sagt man. Sie beeilen sich bei einer Mahlzeit. Oder sie sorgen dafür, daß die Sinnesorgane, bevor sie ermüden, neu belebt werden. Unbewußt tun wir das alle, indem wir nach einem Bissen Gebratenem, einer reizintensiven Speise also, geschmacksneutrales Brot oder Reis verzehren – oder zwischendurch einen Schluck trinken. Wie ja auch umgekehrt manche Zecher gern nach einem herzhaften Happen greifen, wenn sie mit Korn oder Wodka gefüllte Gläschen leeren.

Das Wissen um die anregenden Wirkungen eines abwechslungsreich zusammengestellten Menüs gehört seit jeher zur hohen Schule der Gastronomie.

Schlußfolgerung für unsere Gewürzküche: Für Abwechslung im Speizezettel sorgen – und das mit „Würzverstand" und Fingerspitzengefühl! Welch ein Wunder vollbringt Vanillinzucker an einem Gebäck, etwas Thymian an einer Wurst, etwas Zimt an einem Kompott! Was vermag ein Teelöffel Senf an einer Linsensuppe oder eine Prise Muskat am Spinat!

... daß in uns werde eine Hitze

Die erste schriftliche Nachricht über die Verwendung von Küchengewürzen fand sich in einer babylonischen Keilschriftbibliothek. Darin ist von Thymian, Safran, Sesam und Kardamom die Rede. Schon vor Jahrtausenden schickten ägyptische Pharaonen Schiffe nach dem Lande Punt, um von dort Gewürz und wohlriechenden Balsam zu holen. Punt und Saba – etwa im Gebiet des heutigen Jemen gelegen – waren die ersten großen Umschlagplätze im weltweiten Gewürzhandel. Inder und Malayen brachten ihre Fracht auf seetüchtigen Fahrzeugen bis dorthin, wo sie von Ägyptern, Phöniziern und später auch Griechen in Empfang genommen wurde. Die Hatschepsut und die Königin von Saba aber wurden sagenhaft reich am Zwischenhandel.

„Die Sabäer wohnen im glücklichen Arabien", berichtete Dioforos, ein griechischer Chronist, der in Sizilien lebte, „sie haben so viel Balsam, Kassia, Kalmus, Zimt und Weihrauch ... und andere wohlriechende Gewächse, daß das ganze Land von einem wahrhaft göttlichen Wohlgeruch durchzogen ist, den selbst die Seefahrer in beträchtlicher Entfernung wahrnehmen."

Auf Landwegen brachten Karawanen die Gewürze durch die Wüste bis zu den Häfen am Mittelmeer. In Alexandria blieb ein alter Papyrus erhalten – mit einer genauen Liste der an den Grenzen des Pharaonenlandes zollpflichtigen Importwaren, darunter mehrere indische Gewürze.

Gewürze wurden mit Gold aufgewogen – im wahrsten Sinne des Wortes. Man kann die Vorliebe für Aromastoffe in antiker und später auch in mittelalterlicher Zeit nur verstehen, wenn man die Grundlagen der damaligen Ernährung kennt. Noch gab es keinen solchen Güteraustausch und Lebensmittelhandel, wie wir ihn heute haben. Noch gab es nicht solche Möglichkeiten der Konservierung. Nahrungsmittel mußten an Ort und Stelle verbraucht werden. Küstenbewohner lebten vom Fischfang – und nur davon. Binnenländer bekamen keinen Seefisch zu sehen. Wo Vieh gezüchtet wurde, aß man Milchprodukte und Fleisch, wo man Ackerbau betrieb, kannte man nur die Getreidekost.

Gewürze bedeuteten eine willkommene Abwechslung in der eintönigen Ernährung. Sie machten Speisen schmackhaft, regten an, waren angenehm als duftendes Räucherwerk und nicht zuletzt auch ein Konservierungsmittel, dazu leicht transportabel wie Geldmünzen – und nahezu unverderblich.

Als Beute brachten die Krieger des Griechenkönigs Alexander die Taschen voller Körner heim, die wie Feuer auf der Zunge brannten: Pfefferkörner. Cäsars römische Legionäre rieben sich nach einem Feldzug von oben bis unten mit wohlriechenden Gewürzen ein.

Gewürze wurden damals in Mengen verbrannt, um Wohlgerüche zu verbreiten. „Per fumum", sagten die Lateiner dazu: durch Rauch. Daraus wurde später das heutige Parfüm.

Reiche Damen in Rom und Athen kauten Nelken, um einen reinen Atem zu haben. Sie rieben sich ihre Haare mit Majoran ein, das Kinn und den Nacken mit Thymian, die Arme und Knie aber mit Minze, bevor sie sich schlafen legten. An Pfeffer und anderem Gewürz war in der Metropole am Tiber kein Mangel. In den Küchen der Patrizier wurde reichlich davon Gebrauch gemacht. Erbsensuppe wurde mit Ingwer gewürzt, gebratener Kürbis mit Liebstöckel und Kümmel. Auf der Speisekarte stand auch Sellerie mit feingeriebenenen Pistazienkernen. Die römischen Senatoren verstanden es, auf Kosten der Armen und Unterdrückten zu schlemmen.

Als die Westgoten vor den Toren Roms erschienen, suchten sich die Patrizier durch Gold und Pfeffer freizukaufen. Es half ihnen bekanntlich nichts, denn ihre Stadt wurde trotzdem gestürmt. Für lange Zeit war es aus mit der römischen Kochkunst und all ihren Gewürzen.

Ein neues Kapitel in der Historie der Gewürze beginnt mit dem Jahre 812, als Karl der Große im Frankenreich den Anbau von Gewürzkräutern befahl. In seinem Erlaß „Capitulare Caroli Magni de villis" hieß es: „Im Garten sollen alle nützlichen Kräuter gezogen werden: Salbei, Kümmel, Rosmarin, Feldkümmel, Anis, Heliotrop, Bärenwurzel, Schwarzkümmel, Gartensenf, Kresse, Pfefferminze, Petersilie, Sellerie, Dill, Fenchel, Senfkraut, Pfefferkraut, Mohn, Zwiebeln, Schnittlauch und Rettiche."

Als der Araber Ibrahim Ibn Jakub um 973 durch deutsche Lande reiste, entdeckte er in manchen Küchen auch Pfeffer, Ingwer und Nelken. Sie konnten nur aus arabischen Ländern dorthin gelangt sein.

Nach den Griechen und Römern betrieben lange Zeit die Araber den Gewürzhandel. Islamische Händler verdienten an Pfeffer und Nelken und ließen zu Ehren Allahs prächtige Moscheen bauen. Auch im Mittelalter wurde Gewürz wieder das, was es schon in römischer Zeit gewesen war – ein Statussymbol der herrschenden Klasse.

Zur allgemeinen Prachtentfaltung an den Höfen kam eine unglaubliche Verschwendung an Gewürzen aller Art.

Am Gewürz sollte jeder sehen, wer und was der Hausherr war. Im zwölften Jahrhundert reimte Wolfram von Eschenbach: „Wenn man auf einen Teppich trat, Kardamom, Würznelken und Muskat lagen gestreut unter den Füßen."

„Was du uns gibst, das würze wohl", dichtete Steinmar von Klingenau, „daß in uns werde eine Hitze, daß gegen dem Trunke ganze ein Dunst schaffe, daß der Mund uns als eine Apotheke schmecke."

Ein Pfund Safran kostete damals soviel wie ein Pferd, ein paar Muskatnüsse waren drei Schafe wert. Nur Reiche konnten sich den Luxus der Gewürze leisten. Für eine Hochzeit kaufte Ritter Hans von Schweinichen 50 Mastochsen für 100 Taler und „allerlei Gewürz für 420 Taler". Das starke Würzen hatte zur Folge, daß man ebenso unmäßig trank – trinken mußte. „Habe mir . . . mit meinem Saufen einen großen Namen gemacht", schrieb 1573 derselbe Ritter. Es war eine Zeit, als sogar Hofdamen zum Frühstück scharf gepfefferte Heringe aßen und dazu große Kannen voll Bier tranken. Humpen kamen auf. In den Städten begann man Bier zu brauen, überall nach eigenem Rezept. Zwischen dem Gewürzverbrauch, der nach dem Ende der Kreuzzüge in Europa allgemein wurde, und dem Aufstieg des Brauereigewerbes besteht ein unmittelbarer Zusammenhang.

Eine Folge der hohen Preise und der phantastischen Gewinne, die aus dem Gewürzhandel erzielt wurden, war, daß nach den direkten und billigeren Bezugsquellen gesucht wurde. Marco Polo, der lange Jahre in China gelebt hatte, brachte die Kunde von Ländern heim, wo Gewürzpflanzen wuchsen. Er hatte sie im fernen Südostasien mit eigenen Augen gesehen.

Als gegen Mitte des 15. Jahrhunderts die Türken die alten Karawanenstraßen blockierten, erkundeten spanische und portugiesische Seefahrer neue Wege nach den Pfefferländern – und fanden sie auch. Kolumbus gelangte 1492 nach Amerika, das er für Indien hielt. Und Vasco da Gama brachte ums Kap herum die erste volle Schiffsladung Gewürz nach Lissabon. Die Gewürze gelangten von nun an auf vielen Wegen nach Europa – und in reichlichen Mengen. Fürstenhöfe und Klöster verbrauchten alles, was da kam. In ihren Küchen wurde nach der Devise gehandelt: lieber zuviel als zuwenig würzen. Es war eine Zeit der großen Eßorgien. Ludwig XV. zeigte für die Zusammensetzung seiner Mayonnaisen mehr Interesse als für die seiner Ministerien!

Nach fast zweihundert Jahren sind wir heute dabei, die Gewürze wiederzuentdecken. Die Nachfrage nach Paprika, Nelken und anderen Gewürzen steigt ständig. Nach Schätzungen hat der Verbrauch sich verzehnfacht.

Mancher, der sich noch vor zwei Jahrzehnten mit Salz und Pfeffer, allenfalls noch mit Senf zufriedengab, ist heute stolz auf den eigenen neuen Gewürzschrank. Das hat nichts mit lukullischer Großmannssucht und Prestigedenken zu tun, wohl aber mit dem gewachsenenen Lebensstandard unserer Bevölkerung, mit dem Wunsch, abwechslungsreich, gesund und kultiviert zu essen.

Unsere Technik hat sich darauf eingestellt, daß neben der Versorgung in Gaststätten und Betrieben auch das Kochen in der eigenen Küche eine Rolle spielt. Sie liefert Schnellkochtöpfe, Grillgeräte und Kühlschränke. Sie liefert auch halbfertige Gerichte, die in wenigen Minuten gar sind, Fisch, der bereits paniert und gewürzt ist, Kartoffeln und Hülsenfrüchte, die schon vorgekocht sind, und tischfertige Suppen und Soßen, die man nur aufzuwärmen hat, und sogar dazu passende Gewürzmischungen. Damit kommt sie dem allgemeinen Bedürfnis entgegen, daheim zu experimentieren und dem industriell vorgefertigten Essen eine ganz eigene, persönliche Note zu geben.

„Unter allen Künsten der Menschheit gibt es keine, die sich einer richtigeren Beurteilung erfreut und deren Produkte allgemeinere Anerkennung genießen als die, welche sich mit der Zubereitung der Speisen beschäftigt. Geleitet durch den beinahe zum Bewußtsein gebrachten Instinkt, den wegekundigen Führer, ist der erfahrene Koch in Beziehung auf die Wahl, Zusammenstellung und Zubereitung der Speisen und ihre Aufeinanderfolge zu Errungenschaften gelangt, welche alles übetreffen, was Chemie und Physiologie in Beziehung auf die Ernährungslehre geleistet haben."

(Justus von Liebig)

Tips für den Gewürzschrank

Man darf nicht Gewürze Tüte an Tüte in einer Schublade aufbewahren. Majoran, Zimt, Kümmel und Vanillinzucker – nach einiger Zeit duften alle Tüten gleich, undefinierbar. Kostbarkeiten muß man behutsam, mit Vorsicht behandeln. Jedes Gewürz gehört luftdicht verschlossen in einen eigenen Behälter. Manche Gewürze sind auch lichtempfindlich. Wenn zum Beispiel Paprika und Curry ausbleichen und ihre satte Farbe verlieren, verringert sich auch ihre Würzkraft. Dasselbe gilt für den Cayennepfeffer. Am besten bewahrt man sie in braun- oder grüngetönten Gläsern oder in Steingutbüchsen auf.

Gewürzbehälter sollte man von jedem Dampf fernhalten. Ihr Inhalt wird sonst feucht und klumpig.

Metallgefäße sind für die Aufbewahrung ungeeignet. Es können chemische Reaktionen eintreten, die das Aroma verändern und das Gewürz unbrauchbar machen.

Im Gegensatz zu gemahlenem Pfeffer sind Pfefferkörner unbegrenzt haltbar. Die meisten Gewürze sind jedoch nur ein Jahr lang lagerfähig, vor allem in gemahlenem Zustand. Praktisch ist es, auf dem Etikett den Tag der Anschaffung zu vermerken.

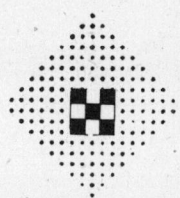

Kräuter-Frau, sind insgemein alte Weiber, so auf denen Feldern die Kräuter und Wurtzeln zusammen lesen, und in denen Apotheken Korbweise zu verkauffen pflegen.

Kräuter-Mann, Kreutler, . . . der die Kräuter und Gewächse kennet, zu rechter Zeit zu sammlen, und nach ihrer Tugend zu gebrauchen weis. Diese Wissenschafft wird die Kräuter-Kunst, Lat. Botanica gennenet.

(Aus einem Lexikon aus dem Jahre 1732)

GEWÜRZE VON A BIS Z

A

Anis *Pimpinella anisum*

Anis ist eines der beliebtesten Gewürze – und das seit Tausenden von Jahren. Schon die Erbauer der Pyramiden verzehrten in ihren Arbeitspausen Brot, das mit Anis gewürzt war. Und der Römer Plinius sang ein Loblied: „Er ist vortrefflich, denn er ... weckt die Eßlust."

Verwendet werden die getrockneten Früchte der Anispflanze, die vorwiegend in südlichen Ländern, hin und wieder aber auch in unseren Gärten wächst. Hauptanbauländer sind Italien, Spanien und die Sowjetunion.

Das süßlich duftende, aromatische Gewürz gehört in manches traditionelle Weihnachtsgebäck. Es ist in Leb- und Pfefferkuchen, auch in der Lakritze enthalten und ganz besonders bei Kindern beliebt. Erwachsene mögen es auch in anderer Form – als Würze im bulgarischen Mastikalikör.

Man gibt etwas Anis an Rotkohl, Karotten und Kürbis. Auch am Pflaumenmus soll dieses Gewürz nicht fehlen. Apfelkompott, Obstsuppen und Reisauflauf, ebenso Grog und Punsch bekommen durch ein wenig Anis einen feineren Geschmack.

Selbst die Fleischer wissen Anis zu schätzen. Sie geben ihn an Dauerwürste – nicht zuwenig und nicht zuviel – wieviel, das ist ihr Berufsgeheimnis.

In der Volksheilkunde schrieb man dem Anis früher Wunderkräfte zu. Heute machen sich Ärzte und Arzneimittelindustrie die allgemeine Vorliebe für Anis zunutze, indem sie uns die bittersten Pillen damit „versüßen".

Der in Südostasien heimische Sternanis, dessen reifer, sternförmiger Fruchtstand als Gewürz verwendet wird, ist noch aromatischer.

Rezept Nr. 113

B

Bärenlauch *Allium ursinum*

Bärenlauch ist eigentlich wildwachsender Knoblauch, der wenig beachtet an Wald- und Wiesenrändern wächst, besonders in den Auwäldern. Seine Blätter kann man, feingewiegt, als kräftige Würze an kalte Soßen, Hackfleisch und Fleischbrühe geben.

Vorsicht, nicht zuviel davon nehmen!

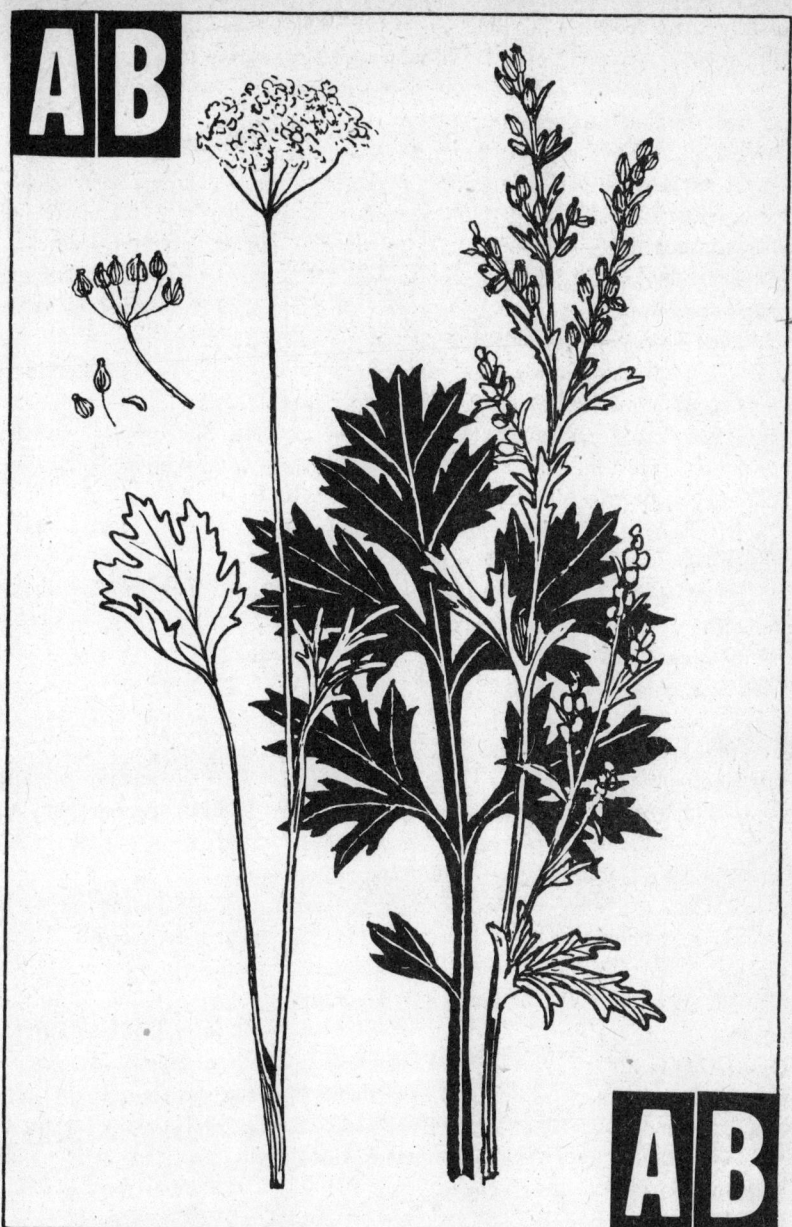

Anis   Beifuß

Basilikum *Ocimum basilicum*

Unter den Gewürzpflanzen ist Basilikum, auch Königskraut genannt, eine kleine Schönheit. Seinen Namen erhielt es von den Griechen. Basilikum heißt königlich. Im Mittelalter war ein überreiches Sträußchen Basilikumstengel gleichbedeutend mit einer Einladung zum Liebesspiel.

In den Küchen aller Zeiten hat das aus Persien stammende Basilikum als Gewürz eine besondere Rolle gespielt. Seine Beliebtheit hat es in den Ländern Südeuropas auch heute nicht verloren. Gemüseeintöpfe wie ,,Minestrone" oder ,,Salsa verde", eine grüne Soße, erhalten eine Beigabe von frischen Basilikumblättern. Kartoffel- und Zwiebelsuppen, vor allem aber Hülsenfruchtgerichte und auch Tomatengerichte werden damit pikant gewürzt.

Basilikum wird in der Küche zu vielen Speisen verwendet, besonders in Italien. Man gibt die Blätter feingehackt zu Fisch und Fleisch, zu Eierspeisen, Käse und Quark. Das Kraut ist auch wie geschaffen für Salate, Mayonnaisen und die berühmte Sauce Vinaigrette, die man zu kaltem Fleisch, Sülze und Spießchen, aber auch zu Schwarzwurzeln oder Spargel reicht.

Sogar die Samen lassen sich verwenden. Getrocknet haben sie einen feinen pfefferartigen Geschmack.

Mit Dill, Basilikum und Estragon wird ein aromatischer Kräuteressig hergestellt, von dem man an Salate und Soßen einen Spritzer geben kann.

Ein Teeaufguß wirkt nervenstärkend und löst Schnupfen.

Rezepte Nr. 22, 43, 44, 47, 58, 72, 74, 82, 83, 87, 93, 100

Beifuß *Artemisia vulgaris*

Pilger sollen sich früher frisch gepflücktes Kraut um die wundgelaufenen Füße gewickelt haben. Daher, so behauptet die Legende, stamme der Name. Doch die Sprachkundigen wissen es besser. Bivoz bedeutet eine Beigabe – zum Essen!

Vor zweihundert Jahren war Beifuß, auch wilder Wermut genannt, in Europas Küchen das, was heute die Petersilie ist: das meistverwendete und beliebteste Würzkraut. Es paßte zu der derben und fetten Kost von damals, zu Hülsenfrüchten und Pökelfleisch. Sein starkes eigenwilliges Aroma machte solche Gerichte nicht nur schmackhaft, sondern auch bekömmlicher, denn Beifuß hilft, Fett leichter zu verdauen.

Auch heute gibt man Beifuß mit Vorliebe an Gänse- und Entenbraten, an einen deftigen Schweinebraten oder an Schmalz. Frischkostsalate und Kräutersuppen gewinnen durch eine kleine Zugabe von frisch gepflückten oder getrockneten Blüten, die Blätter sind ungenießbar. Beifuß war in der Heilkunde in den vergangenen Zeiten sehr geschätzt, spielt aber in der modernen Medizin keine Rolle mehr.

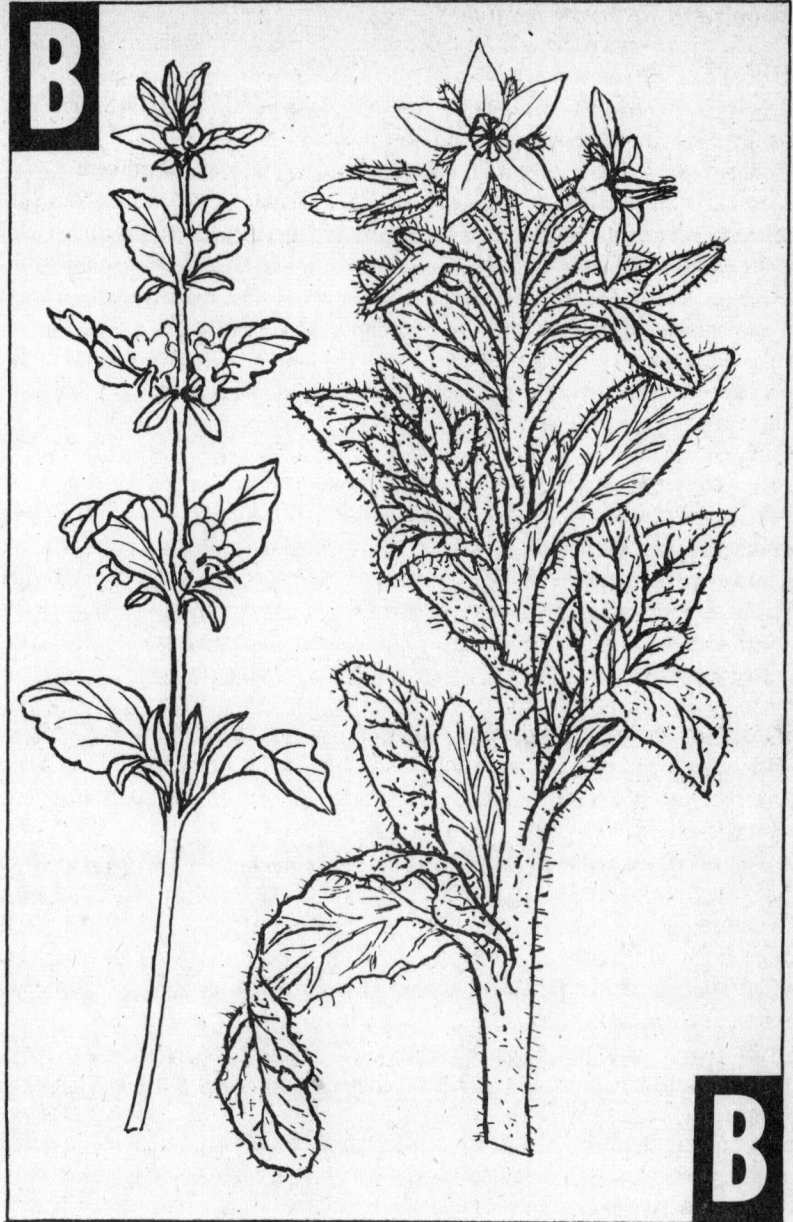

Basilikum   Borretsch

Bibernelle *siehe Pimpinelle*

Bittermandel *siehe Mandel*

Bohnenkraut *Satureja hortensis*

Bohnenkraut, auch Pfefferkraut genannt, wird bei uns schon seit dem frühen Mittelalter angebaut und als Küchenkraut verwendet. Es macht Speisen wohlschmeckend und bekömmlich. Köche und Heilkundige empfahlen es zu allen Zeiten, weil es „lust und begier zum essen erwecket". Von dem dunkelgrünen, in kleinen Büscheln wachsenden Kraut, das heute in vielen Gärten gezogen wird, nimmt man Stengel und Blätter und verwendet sie frisch oder getrocknet. Sie riechen stark aromatisch und schmecken scharf und pfefferartig – daher der Name Pfefferkraut. Kurz vor der Blüte geschnitten, ist die Würzkraft der Blätter am stärksten.

Wie schon der Name sagt, ist es das passende Gewürz zu Gerichten aus grünen Bohnen. Man nimmt es auch zu weißen Bohnen, anderen Hülsenfrüchten, zu Linsen und Erbsen. Ein kleines Krautbündel läßt man zum Schluß 10 Minuten mitkochen, weil bei längerem Kochen sonst die Bitterstoffe der Stengel frei werden. Bohnenkraut würzt kräftig, man sollte nicht zuviel ans Essen geben; sein Aroma übertönt sonst alles andere. Frische, kleingehackte Blättchen oder Triebspitzen passen auch in grüne oder gemischte Salate. Kartoffelpuffer erhalten durch eine Prise Bohnenkraut einen besonderen Geschmack.

Und sonst? – „Bohnenkraut erweckt die Schlaffsüchtigen, so auch nur daran gerochen . . .", steht in einem Lexikon aus dem Jahre 1732.

Rezept Nr. 101

Borretsch *Borago officinalis*

„Weil es Freude und guten Muth machet . . . alle Sorge und Traurigkeit vertreiben soll, (wird) es in Wein geworffen und davon getrunken . . . Denn es stärket und erfreuet das Hertz, erquicket die Lebensgeister, reiniget und erfrischet das Blut von allerley verbrennten, hitzigen Feuchtigkeiten, verbessert die schwartze Galle, vertreibet die Melancholey und schwere Träume", heißt es über Borretsch in einem alten Kräuterbuch.

„Borage for courage", sagen noch heute die Engländer: Borretsch macht Mut. Sie verwenden ihn für ihre Frühjahrskuren und versprechen sich davon neue Lebenskraft.

Borretsch ist eine brennesselähnliche Pflanze. Seine Blätter und Stengel sind stark behaart. Daher der Name: Borra bedeutet im Spätlateinischen soviel wie „struppiges Barthaar".

Bohnenkraut   Dill   Dost

In unserer Küche gilt Borretsch als Würzkraut – mehr nicht. Die Blätter haben einen gurkenähnlichen Geschmack, deshalb wird es auch Gurkenkraut genannt. Man nimmt die jungen Blätter und Triebe kleingehackt zu Blattsalaten, zu geschmorten Gurken, grünen Soßen und vor allem – mit Dill zusammen – zu Gurkensalat. In der spanischen Küche bereitet man Borretsch auch wie Spinat zu. Borretsch schmeckt leicht salzig – ist daher wie geschaffen für kochsalzarme Diät. Sein zarter Geschmack verträgt sich gut mit anderen Kräutern. Nur trocknen läßt er sich nicht, er verliert dabei jedes Aroma.

Rezepte Nr. 1, 4, 25, 26, 92

Brennessel *Urtica dioica*
Die Brennessel ist ein Unkraut, das außer in Südafrika und in den Polargebieten auf der ganzen Welt vorkommt – mit Vorliebe in der Nähe von Siedlungen.

Ihre Stengel und Blätter sind mit feinen Härchen besetzt, die beim Berühren einen Brennreiz hervorrufen. Brennesseln enthalten einen histaminähnlichen Wirkstoff, der dem Sekret der Bauchspeicheldrüse ähnlich ist. Im übrigen sind sie reich an Mineralien und enthalten die Vitamine A und C. Gehacktes Kraut gibt man jungen Tieren als knochenbildendes Futter.

Stengelspitzen und junge Blätter eignen sich auch als Würze an Frühlings- und Kartoffelsuppen, Kräutersoßen und Spinat. Die Brennessel wird vor allem Menschen mit Stoffwechselstörungen empfohlen. Als organischer Salzspender, der die Nieren nicht belastet, ist sie willkommen bei salzarmer Diät.

Rezept Nr. 38

Brunnenkresse *siehe Kresse*

C

Cayennepfeffer *siehe Peperoni*

Curry
Curry wächst nirgendwo. Es gibt auch keine Currypflanze. Unter den Gewürzen nimmt Curry eine Sonderstellung ein. Er ist eine indische Erfindung, ein Ergebnis jahrtausendealter Erfahrungen im Umgang mit den Schätzen der Natur. Er ist eine kunstvolle Komposition, die alle Düfte des exotischen Gewürzgartens in sich vereint.

Curry ist die Grundlage der indischen Küche. Er würzt Speisen, aber macht nicht durstig. In einem Tropenland ist das wichtig. Der Name kommt vom indischen Wort „kari", das soviel wie „Tunke" bedeutet.

Für eine richtige Currymischung gibt es kein Standardrezept mit genauen Mengenangaben, alles hängt von Geschmack und Eingebung ab.

Es gibt nicht den Curry, sondern unzählige Curryarten. Kenner wissen zu unterscheiden, ob die Hand eines Künstlers oder eines unerfahrenen Laien die Gewürze auf dem „Currystein" gerieben hat. Immer gehört dazu eine Vielzahl von Gewürzen, manchmal zwölf, manchmal sogar dreißig: Pfeffer, Zimt und Nelken, Koriander, Ingwer und Piment, auch Bockshornklee, Kardamom, Muskat und Kümmel. Die satte gelblichbraune Farbe erhält das Mischgewürz durch eine Zutat von Kurkumapulver. Es wird aus der gelben Wurzel der Kurkuma oder auch Gelbwurzel genannten Pflanze gewonnen.

Bei uns im Handel erhältlicher Curry ist eine Nachbildung und mehr europäischen Geschmacksvorstellungen angepaßt. Mit ihm kann man auch in unserer Küche Wunder vollbringen. Currygewürz paßt zu Fleisch, Geflügel und Fisch, zu Reis, Salat und Käse – doch immer maßvoll angewandt. Er soll nie den Eigengeschmack einer Speise völlig überdecken, sondern nur ergänzen.

Magenkranke sollten damit vorsichtig umgehen, weil Curry die Schleimhaut reizt.

Rezepte Nr. 12, 13, 14, 15, 16, 62

D

Dill *Anethum graveolens*

Dillsoße zu gekochtem Fleisch schmeckte schon den alten Lateinern. Alle Speisen mußten bei ihnen gut gedillt sein. Dill galt nicht nur als gesund, er besaß auch geheime Zauberkraft – ähnlich wie die Petersilie.

Im Mittelalter legten sich junge Bräute kleine Dillzweige in die Schuhe, wenn es zur Trauung ging. Sie sollten ihnen Kraft geben für den Kampf um Recht und Ordnung im eigenen Haushalt.

Der Dill stammt vermutlich aus dem mittleren Osten. Heute findet man ihn als Gartenpflanze und auch wildwachsend überall. Als Küchenkraut hat er sich die ganze Welt erobert.

Für die Schweden ist Dill das, was der Paprika für die Ungarn ist – das Nationalgewürz. Wohin ein Schwede auch kommt, als erstes legt er sich ein Beet an, auf dem er Dillsamen aussät. So sagt man jedenfalls.

Dill hat einen würzigen, angenehmen Geschmack, anfangs etwas süßlich, dann leicht brennend. Verwendet werden das frische Grün und die ausgereifte, früchtetragende Pflanze. Die zarten Stengel passen feingeschnitten zu Salaten, zu sahnig gerührtem Quark, an Pilzgerichte, grüne Erbsen und ganz besonders zu Fisch. Eine helle Soße mit reichlich kleingehacktem Dill wird zu gekochtem

Fisch, aber auch zu gekochtem Rind- und Hammelfleisch gereicht. Frischer Dill darf nicht mitkochen, er verliert dabei sein Aroma. Zum Trocknen eignet er sich schlecht. Dillsamen ist ein passendes Gewürz für eingelegte Gurken und Sauerkraut.

Rezepte Nr. 1, 4, 7, 8, 9, 47, 48, 82, 84, 92, 98, 101, 103 u. a.

Dost *Origanum vulgare*

Dost, auch Oregano oder wilder Majoran genannt, wächst als kräftige ausdauernde Staude in Mittelmeerländern, hier und da auch bei uns auf kalkhaltigen trockenenen Böden. Er ist mit dem Majoran verwandt, besitzt jedoch ein derberes und kräftigeres Aroma. In der italienischen Küche verwendet man die frisch gepflückten Blätter häufig als Gewürz. Eine echte Pizza ist ohne den Geschmack von Dost undenkbar.

Als Braten- und Wurstgewürz hat Dost auch Eingang in unsere Küche gefunden. Als Würze für Wurstwaren wird er meist mit Majoran gemischt. Man kann ihn auch an Suppen, Fischgerichte und Eierspeisen geben. Die Engländer entdeckten in den fünfziger Jahren ihr Herz für Dost als Gewürz, die Schweden für Dost als aromatischen Tee.

Über die Geschichte ist nur das eine bekannt: Die Römer vertrieben damit die Ameisen.

E

Essig

Übereifrige „Gesundheitsapostel" wollten den Essig aus der Küche verbannen. Es ist ihnen nicht gelungen. Zitronensaft kann ihn zwar hier und da ersetzen, doch nicht völlig entbehrlich machen.

Essig muß sein. In kleinen Mengen genossen, ist er gesund, dem Stoffwechsel förderlich, eine hervorragende Küchenwürze. Manche Speisen, zu denen Zitronenaroma gar nicht passen will, bekommen erst durch einen Schuß Essig geschmackliches Format.

Essig ist ein hochwertiges Naturprodukt, das durch Gärung aus Wein, Obstsaft oder Molke gewonnen wird. Er enthält oft noch andere Substanzen, die den Geschmack beeinflussen, Kräuterzusätze zum Beispiel. Essigessenz ist nach Vorschrift mit Wasser zu verdünnen.

Kräuteressig kann man sich selbst durch Zusatz von Estragon, Senfkörnern, Lorbeer, Basilikum oder Knoblauch herstellen – der Phantasie sind dabei keine Grenzen gesetzt.

Wein- und Kräuteressig sind recht vielseitig zu verwenden, zu Salaten, Sülzen,

Estragon   Fenchel

Ragouts, Lungenhaschees, Nieren, Linsen und Schmorgurken. Und was wäre ein Aschermittwoch ohne sauren Hering? Versierte Köche säuern Salat erst mit Essig und würzen dann noch einmal kurz vor dem Anrichten vorsichtig mit Zitrone nach.

Rezepte Nr. 9, 18, 27, 29, 30, 33

Estragon *Artemisia dracunculus*

Estragon, der als Staudenpflanze heute in vielen Gärten wächst, ist ein Findelkind unter unseren Küchenkräutern. Eines Tages, so im 16. Jahrhundert, war er, vermutlich aus dem Osten kommend, plötzlich da, und es waren die Franzosen, die sich seiner mit Liebe annahmen.

Keine Sauce Béarnaise, überhaupt keine Speise der guten Küche ohne Estragon! Sein dezentes Aroma will man dabei nicht mehr missen.

Estragon gehört in eine Marinade für Sauerbraten und zu eingelegten Gurken. Feingeschnittene Blätter gibt man in Fleischfüllungen oder reibt einen Braten vorher damit ein. Essig wird durch Zusatz von Estragon würziger und milder und macht grüne Salate und Frischkost besonders pikant.

Die Vorliebe für Estragon teilen die Franzosen mit den Kaukasiern, die Kräuter ebenfalls über alles schätzen. Sie wickeln Estragonblätter mit Eivierteln in das dort übliche Fladenbrot und reichen es als Vorspeise.

Verwendet werden bei Estragon die frischen Blätter und Zweigspitzen. Getrocknet sind sie weniger wertvoll. Estragon wird für salzarme Diät empfohlen.

Rezepte Nr. 1, 20, 32, 47, 58, 74, 87, 94, 102

F

Fenchel *Foeniculum vulgare*

„Der Fenchel wächst wild, wird aber auch angesät, und nicht bloß als Gewürz, sondern auch als Speise benutzt, zu welchem Zwecke man die Pflanze fürs ganze Jahr in Essig ... legt", schrieb in antiker Zeit Galenos, der Arzt aus Pergamon. Und in einer Schrift des aus Spanien stammenden Römers Columella heißt es: „Beim Einmachen der Oliven dient Fenchelsamen als Gewürz." Der anisähnlich duftende Fenchelsamen hebt den Wohlgeschmack mancher Speisen. Junge frische Triebe gibt man zu grünen Salaten, die verdickten Stengel und Wurzelknollen bilden ein schmackhaftes Gemüse. Und dazu kommt noch: Ein Teeaufguß hilft gegen Leibweh und Migräne. Kurz: Fenchel ist ein wirklich vielseitiges Gewächs.

Wegen seines anisähnlichen Geschmacks nimmt man Fenchel mit Vorliebe zu

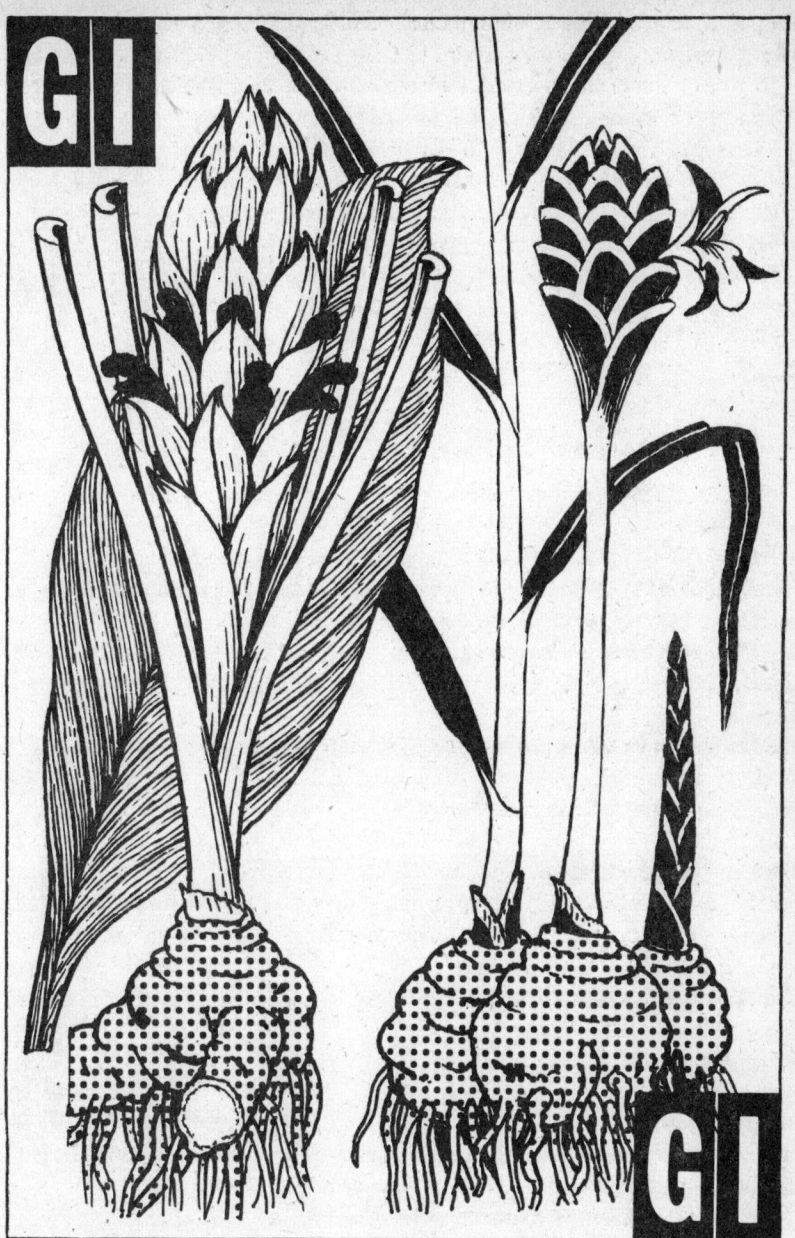

Gelbwurzel   Ingwer

Kompott, aber auch zu Kraut, roten Rüben, zum Einlegen von Gurken und Mohrrüben.

In Italien würzt man Käse damit, in Thüringen Brot. Als interessante geschmackliche Kombination gilt Fisch mit Fenchel.

In der Medizin spielt Fencheltee nach wie vor eine Rolle. Er hilft gegen Blähungen und wirkt vor allem bei kleinen Kindern beruhigend. Man gibt ihn bereits Säuglingen. Er ist der erste Tee, mit dem der Mensch im Leben Bekanntschaft macht.

Rezepte Nr. 20, 78, 96

G

Gartenkresse *siehe Kresse*

Gelbwurzel *siehe Curry*

Gewürznelken *siehe Nelken*

Glutamat

Glutamat ist ein farbloses salzähnliches Pulver, das keinerlei Geschmack hat – eigentlich ist es kein Gewürz. Es besitzt aber eine Eigenschaft, die seine Anwesenheit in jedem Gewürzschrank rechtfertigt: Glutamat hebt und stärkt den Eigengeschmack anderer Nahrungsmittel, intensiviert ihre Wirkstoffe und rundet sie ab.

Glutamat ist ein Naturprodukt aus Pflanzeneiweiß, es wird aus Getreidekörnern gewonnen. Sein Gehalt an Aminosäuren hat auch für den menschlichen Körper Bedeutung, übt auf das Wachstum und die Nervenzellen einen günstigen Einfluß aus.

Mono-Natrium-Glutamat ist unter dem Namen „Glutal" im Handel. Es wird besonders für Fleisch, Fisch, Gemüse und Frischkost empfohlen. Bei einer salzfreien Diät kann es statt Salz verwendet werden.

Gurkenkraut *siehe Borretsch*

H

Hopfen *Humulus lupulus*

Hopfen wird seit über tausend Jahren zum Würzen des Bieres verwendet. Er gibt diesem seinen bitter-herben Geschmack und auch seine Haltbarkeit. In der Küche hat Hopfen kaum Bedeutung.

Kardamom   Kapern

Kerbel   Koriander

Ingwer *Zingiber officinale*

Für das prickelnd-scharfe Gewürz aus Südasien wurden früher Phantasiepreise gezahlt. In England nahm man es wegen seines Gehaltes an Bitterstoffen zum Bierbrauen – Ingwerbier ist noch heute eine englische Spezialität, auch Ingwerbrot.

Ingwerkeks und kandierte Ingwerstäbchen mit Schokoladenüberzug gelten in vielen Ländern als Leckerbissen.

Ingwer wird aus den Knollenwurzeln einer schilfähnlichen Pflanze gewonnen – kommt in ganzen Stücken oder getrocknet und zu Pulver gemahlen in den Handel. Auch in Sirup eingelegt ist er bei uns in Spezialgeschäften erhältlich.

Der Name kommt vom indischen Wort für „hornartig" – singabera. Doch heute baut man das Gewächs auch in anderen Tropenländern an.

Außer für Bier und Kuchen gibt es noch andere Verwendungsmöglichkeiten für das exotische Gewürz. Man kann damit Obstsalaten, Kompotten und Marmeladen ein pikantes Aroma verleihen. Auch Soßen, Sauermilch und sogar eine Hühnerbrühe gewinnen durch eine Prise, ja selbst eine Tomatensoße schmeckt damit delikater.

Ganze Wurzelstücke werden zu Marinaden für Gurken, Kürbis oder Birnen verwendet.

Sparsame Beigaben von etwas Ingwer machen auch einen Rotkohl delikat. Ein Zuviel jedoch kann eine Speise leicht verderben. In der Spirituosenindustrie findet das Gewürz vielfache Verwendung.

Rezepte Nr. 12, 67, 73, 105, 110, 117, 120

Kaneel *siehe Zimt*

Kapern *Capparis spinosa*

Kapern sind die sauer eingelegten bläulichgrünen Blütenknospen des an der Mittelmeerküste beheimateten Kapernstrauches. Er wird in Italien und Frankreich angebaut.

Wie Kapern können auch die sauer eingelegten Blütenknospen der großen Kapuzinerkresse verwendet werden.

Kapern – die kleinsten werden am meisten geschätzt – geben mit ihrem schwach-bitteren Aroma Speisen wie Ragouts und Frikassees einen pikanten

feinen Geschmack. Man verwendet sie auch zu gemischten Salaten, zu Sardellenfilets, Lachs und hartgekochten Eiern.
Rezept Nr. 81

Kardamom *Elettaria cardamomum*

In seiner Heimat ist ein Gebirge nach ihm benannt worden, das Kardamomgebirge an der indischen Westküste. Kardamom ist ein strauchartiges Gewächs. Heute wird es auch in anderen tropischen Ländern angebaut. Geerntet werden die Fruchtsamen mit pikant-feurigem Geschmack.

In den Mittelmeerländern war Kardamom schon in der Römerzeit ein begehrtes Gewürz. Später machten die Kreuzritter auch das übrige Europa damit bekannt. Doch Kardamom hat in unseren Küchen nie so rechte Beachtung gefunden. Dabei gilt er als magenstärkend und sehr gesund.

Araber würzen damit ihren schwarzen Kaffee. In der Likörindustrie benötigt man ihn zur Herstellung berühmter Getränke wie Curaçao.

Auch im Weihnachtsgebäck und in manchen Wurstsorten ist dieses seltene Gewürz gelegentlich enthalten. Eine kleine Prise Kardamom kann manchen Suppen und Soßen, auch Frikadellen und Hühnerfrikassees einen besonderen Geschmack verleihen. Kardamom ist, so sagt man, das Gewürz in der Hand eines sehr erfahrenen Kochs.
Rezept Nr. 111

Kassia *siehe Zimt*

Kerbel *Anthriscus cerefolium*

Kerbel wird oft mit Petersilie verwechselt. Seine Blätter sind jedoch zarter und duften leicht nach Anis. Das Doldengewächs stammt vermutlich aus den Steppen des Ostens. Wildwachsend und als Kulturpflanze ist es überall in Europa zu finden. Im Mittelalter rühmte man Kerbel als Mittel gegen Frauenleiden und Gelbsucht. Heute rühmt man ihn als Küchenkraut. Kerbelsuppe, aus gezupften oder feingeschnittenen Blättern, guter Bouillon, Sahne und Ei bereitet, gilt in Frankreich als Delikatesse. In Italien gibt man Kerbel zusammen mit anderen Kräutern in die „Salsa verde", eine grüne Soße.

Die Blätter haben einen hohen Gehalt an ätherischem Öl und den Vitaminen A und C. Sie geben eine gute Würze zu Kartoffelsuppe, Spinat, gebratenem Hammelfleisch, Fisch und Geflügel. Man kann sie auch, feingewiegt, unter Quark und Mayonnaise mischen. Kerbel soll man erst kurz vor dem Anrichten an die Speisen geben. Er darf höchstens einmal aufkochen.
Rezepte Nr. 1, 4, 5, 6, 19, 20, 38, 39, 40, 41, 47, 48, 91, 95, 99

Knoblauch *Allium sativum*

Knoblauch ist nicht jedermanns Geschmack, aber die Zahl seiner Freunde hat zugenommen, die seiner Gegner hat sich verringert.

Das Vorurteil gegen den Knoblauch geht mit auf die Tatsache zurück, daß er von jeher die Kost des einfachen Volkes war. Nur Plebejer rochen nach Knoblauch, Patrizier hatten statt einer Zwiebel Fleisch und Fett zum Brot und rieben sich mit Zimt und Thymian ein.

Die französische Küche verdankt unter anderem der so fatalen Knoblauchzehe ihren Weltruf. In „hauchzarter" Dosierung wird Knoblauch vielen Speisen hinzugefügt.

Knoblauch ist das schärfste unter allen Lauchgewächsen. Er ist eine mehrzehige weiße Zwiebel mit eigenartigem, durchdringend scharfem, leicht schwefligem Geruch, der sich jedoch beim Kochen und Braten verliert. Seine Heimat ist in den Steppen Innerasiens zu suchen, doch schon vor 5 000 Jahren war Knoblauch den Menschen zwischen Nil und Ganges unentbehrlich als Nahrungs- und Würzmittel. Heute baut man Knoblauch überall in der Welt an.

Auf den Bauernmärkten in den Ländern Süd- und Osteuropas hängen neben den roten Paprikafrüchten und den gelben Maiskolben die weißen Zöpfe der Knoblauchzwiebeln. Sie gehören dazu. Ohne sie ist eine schmackhafte Küche unvorstellbar.

Der wachsende Reiseverkehr und die Bekanntschaft mit fremder Kochkunst haben dazu geführt, daß auch bei uns der Knoblauch populärer wird und mehr Verwendung findet.

Doch der Umgang mit Knoblauch will gelernt sein. Es kommt auf das „Gewußt-wie" an. Oft schon reicht ein Hauch, genügt es, bei einem Salat die Schüssel damit auszureiben. Knoblauch macht vor allem Hammel- und Schweinebraten schmackhaft. Auch Kartoffelsuppe, Räucherfisch und Gemüseeintöpfe nach südländischen Rezepten – alles gewinnt durch Knoblauch; aber, wie gesagt, in zarter Dosierung. Frische junge Knoblauchpflanzen, die noch keine Zwiebel gebildet haben, eignen sich, kleingeschnitten, als Belag auf Butterbrot.

Ein Tip: Durch vorheriges Andünsten in Fett verliert Knoblauchduft etwas von seiner Aufdringlichkeit, wird milder und angenehmer. Der Geschmack ist das eine, die gesundheitsfördernde Wirkung das andere Argument, das zugunsten des Knoblauchs spricht. Längerer Genuß von Knoblauch senkt den Blutdruck und vermindert die Gefahr der Arterienverkalkung, denn er fördert die Sauerstoffversorgung der Herzkranzgefäße und entschlackt den ganzen Organismus. Brot, Schafskäse und eine Knoblauchzehe – mancher ist damit steinalt geworden! Wer es auch werden will, sollte es sich mit dem Knoblauch überlegen.

Rezepte Nr. 23, 43, 45, 60, 61, 62, 68, 69, 74, 75, 79, 82, 100, 103

Koriander *Coriandrum sativum*

Die kleinen runden Früchte der Korianderpflanze riechen, wenn sie frisch geerntet werden, unangenehm nach Wanzen (daher auch Wanzendill genannt). Sobald man sie trocknet, entströmt ihnen jedoch ein lieblicher, anisähnlicher Duft. Koriander ist als Kulturpflanze schon in der Bibel erwähnt. Griechen und Römer machten mit Koriander ihren Wein aromatisch und süffig. Und in den Gräbern der Pharaonen wurde Koriandersamen gefunden.

In den Küchen der Mittelmeerländer wird das Kraut so wie bei uns die Petersilie verwendet.

Koriander ist ein vielseitiges Gewürz. Die Fleischer würzen damit Würste, Pasteten und Schinken. In den Bäckereien nimmt man es für Lebkuchen. Senfmacher mischen dieses Gewürz unter den Mostrich. Und das ist noch nicht alles: Indische Hausfrauen verwenden gemahlenen Koriander zu ihrem Curry, polnische Hausfrauen zu ihrer berühmten polnischen Soße.

Erfahrene Hotelköche bezeichnen den Koriander bei der Soßen- und Marinadenzubereitung als das Tüpfelchen auf dem i.

Rezepte Nr. 22, 23, 73, 105

Kresse

Brunnenkresse *Nasturtium officinale*

Napoleon liebte Brunnenkresse. Um den Winter über Salat zu haben, ließ er sie an den frostfreien Quellen von Nîmes anbauen. So hatten es schon lange vor ihm die Römer getan und in der Zwischenzeit die Klosterbrüder verschiedener Mönchsorden.

Die Blätter haben einen würzig-rettichartigen Geschmack und einen hohen Gehalt an Vitamin A und Jod. Brunnenkresse gilt als das jodreichste Würzkraut. In ganz Europa findet man sie an Quellwassern und Bächen.

Grobgehackt bildet Brunnenkresse eine würzige Zutat zu Salaten, Suppen, Quark und Bratkartoffeln. Mit Öl, Salz und Zitronensaft zubereitet, paßt sie ausgezeichnet zu kurzgebratenem Fleisch und als Garnierung zu kalten Platten.

Früher nahm man das Kraut, getrocknet und zerrieben, auch als Niespulver. Doch darauf können wir heutzutage verzichten!

Gartenkresse *Lepidium sativum*

In grünzeugarmen Zeiten, im Winter und im Vorfrühling, liefert Kresse eine vitaminreiche Zukost. Für den Anbau braucht man keinen Garten, nur eine flache Schale, etwas feuchte Watte oder Löschpapier – das ist alles.

Vierzehn Tage nach der Aussaat sind die jungen Pflanzen bereits handhoch und können mit der Schere geerntet werden. Sie eignen sich als frische grüne

K

Brunnenkresse   Gartenkresse

Beilage zu Kurzgebratenem, aufs Butterbrot, zu Quark, Eiern und können unter Salate gemischt werden.

Rezepte Nr. 1, 5, 47, 48, 56, 87, 91, 98

Kümmel *Carum carvi*

Kümmel ist das nachweisbar älteste Gewürz. Man hat ihn in Pharaonengräbern und an Herdstellen der Pfahlbaubewohner gefunden. Sein Name ist vom lateinischen cuminum, dieses vom griechischen kyminon und vom semitischen kamnini abgeleitet.

Über seine Verwendung als Würze und Heilmittel gibt es Anmerkungen in alten Arznei- und Kräuterbüchern des Mittelalters. „Wiesen- oder mattenkümmel ist ein seer wollbekannter gebreuchlicher samen", liest man da, „armen und reichen nutzlicher als kein gewürtz ausz Arabia oder Indien."

Als Gewürz dienen die kleinen sichelförmigen Samen einer Pflanze, die, wildwachsend und auch in Kultur genommen, über ganz Europa und Asien verbreitet ist. Kümmel hat einen herben kräftigen Geschmack, der den Appetit anregt und die Verdauung fördert.

Kümmel würzt Wurstwaren, auch Käse und Brot. Für seine Verwendung in der Küche gibt es unzählige Rezepte. Kümmel gehört zu Weißkohl und roten Rüben, kleingehackt schmeckt er auch in Brühkartoffeln. Fleisch, Suppen und Soßen – alle vertragen Kümmelgeschmack. Kümmel kann man auch „kümmeln" – als harten Schnaps von der Art eines Allasch oder Aquavit.

Es ist ratsam, den Kümmel ohne Nebengewürze zu verwenden. Das trifft allerdings nicht auf Salz, Pfeffer und Zwiebeln zu. Hier sind Gewürzmischungen mit Kümmel möglich.

Die zarten Blätter der Kümmelpflanze eignen sich als würzende Beigabe zu grünen Salaten, die Wurzeln für verschiedene Gemüsesuppen.

Rezepte Nr. 45, 49, 65, 79

Lavendel *Lavandula augustifolia*

Der Halbstrauch mit den hellblauen oder violetten Blüten steht in manchem Garten. Die Blätter duften, wenn man sie zwischen den Fingern reibt, angenehm würzig, schmecken herb und leicht bitter. Vor der Blüte geerntet, eignen sie sich als Würze zu Fischsuppen, Kräutersoßen, Eintopfgerichten und vor allem zu Hammelfleisch.

Kenner loben Lavendel, auch Narde oder Spikatblüte genannt, als den Clou eines in Speck und Rotwein geschmorten Hasenbratens. Zusammen mit Dill und

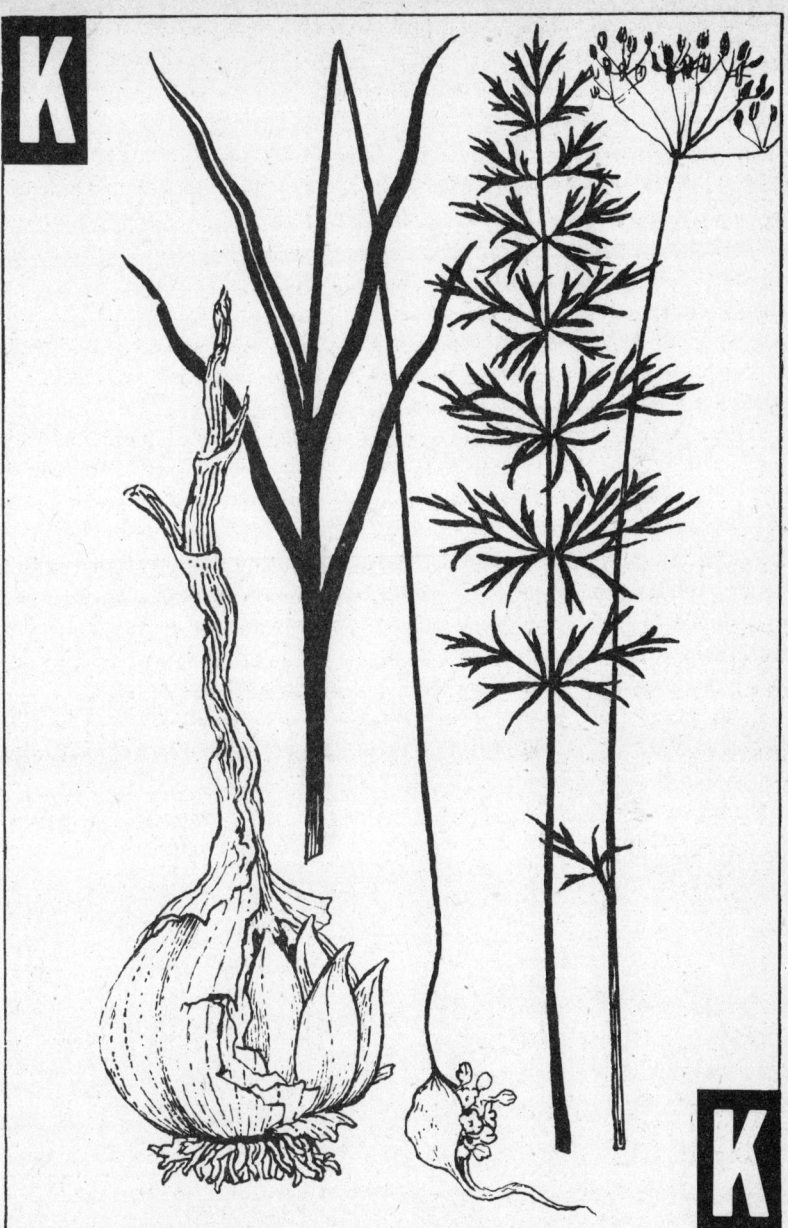

K

Knoblauch   Kümmel

Salbei kann man ein feingehacktes frisches Lavendelblättchen auch in Kräuterbutter geben.

Aus Lavendelblüten wird ein ätherisches Öl gewonnen, das in der Parfümherstellung verwendet wird.

In Zeiten, als Parfüm noch selten und teuer war, sorgte ein Lavendelsträußchen im Schrank dafür, daß die Wäsche duftete und die Motten vertrieben wurden. Wer es mag, kann es auch heute noch tun.

Rezept Nr. 101

Liebstöckel *Levisticum officinale*

Der Name hat nichts mit Liebe und Stock zu tun. Er ist nichts anderes als eine Verballhornung des lateinischen Wortes libusticum oder ligusticum – und das bedeutet: Kraut aus Ligurien.

Liebstöckel, auch Maggikraut genannt, stammt aus Italien. Es handelt sich um ein stattliches, bis zu zwei Metern hohes Doldengewächs mit stark duftenden Blättern. Schon die Römer verwendeten Blätter und Wurzeln als Küchenwürze. Im Mittelalter durfte das Kraut, dessen kräftiger Geschmack an Sellerie und Fleischextrakt erinnert, auf keinem Speisetisch fehlen.

Heute nimmt man es vor allem zu Suppen, Soßen, Fleischfüllungen, so bei Rouladen, und zu Hammelbraten. Roh und feingewiegt kann man auch ein oder zwei Blätter in Salate oder Kräutersoßen geben. Dabei ist zu beachten, daß das kräftige Aroma die anderen Gewürze nicht überdeckt.

In der Medizin gilt das Kraut als harntreibend und appetitanregend. Es hilft leichter verdauen und treibt, wie es in einem alten Arzneibuch heißt, „den Wind aus den Därmen". Man empfiehlt es für Schonkost und Diät.

Rezepte Nr. 6, 71

Löffelkraut *Cochlearia officinalis*

Vor dreihundert Jahren wuchs Löffelkraut, auch Bitterkresse genannt, häufiger in unseren Gärten. Es galt als wirksames Mittel gegen Skorbut. Eingesalzen nahm man davon ganze Fässer voll auf lange Seereisen mit. Blätter und Blüten enthalten nämlich sehr viel Vitamin C.

Nicht zu verachten ist Löffelkraut als Zugabe zu Salaten und als Belag aufs Butterbrot, vor allem auch deshalb, weil es vom April bis in den Winter hinein geerntet werden kann.

Lorbeer *Laurus nobilis*

Die als Gewürz verwendeten trockenen grünen Blätter stammen von einem Baum, der in allen Mittelmeerländern vorkommt und dort von jeher als Sinnbild

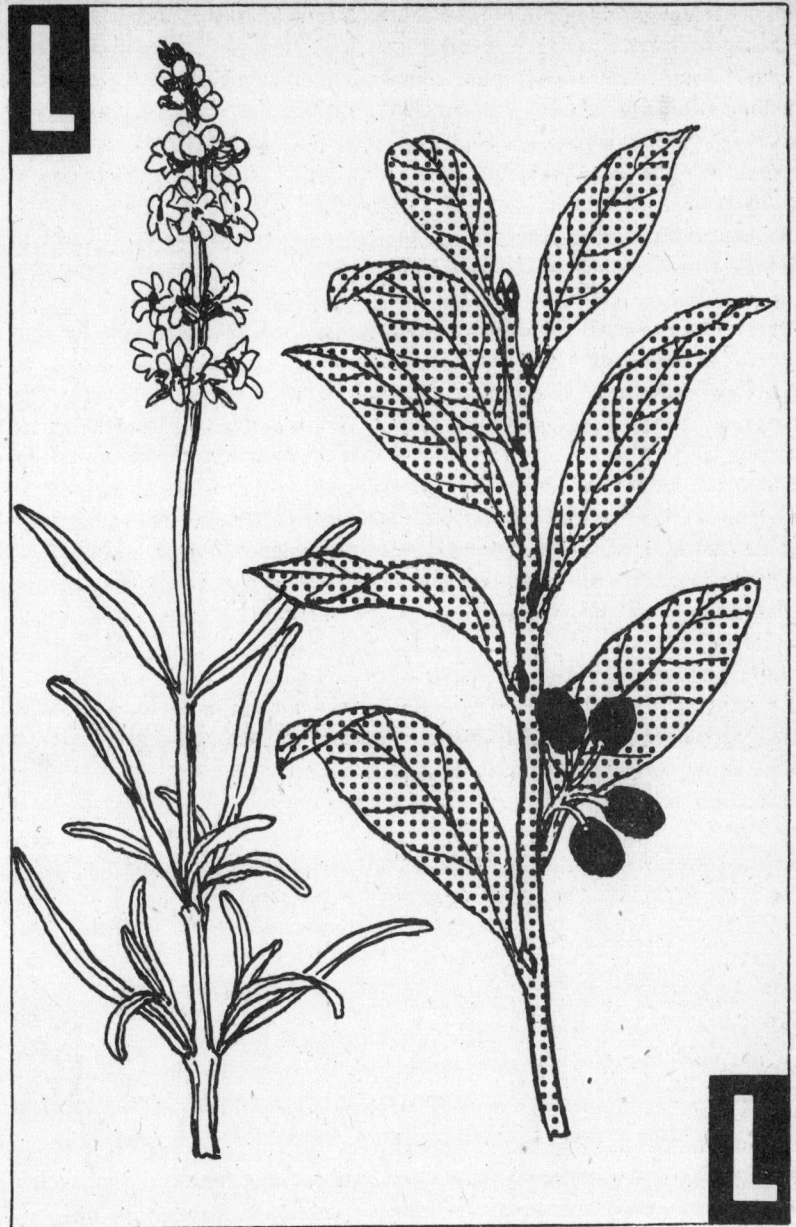

Lavendel   Lorbeer

der Kraft und des Ruhmes gilt. Schon in Keilschrifttexten vor rund 7 000 Jahren wird berichtet, daß die Sumerer aus gepflückten Blättern Kränze flochten und damit Sieger im Faustkampf auszeichneten. Römischen Feldherren setzte man nach gewonnener Schlacht Lorbeerkränze aufs Haupt. Verwelkt und trocken waren die Blätter immer noch für die Suppe gut genug. Lorbeer war beides: eine Freude für Auge und Gaumen. Oft schon genügt ein einziges Blatt oder gar ein halbes, um einer Speise appetitlichen Geschmack zu verleihen. Damit man es leichter aus dem Kochtopf herausnehmen kann, heftet man das Blatt mit zwei Gewürznelken – wie mit kleinen Nägeln – an einer Zwiebel fest. Nicht so vorsichtig im Umgang mit Lorbeer sind die Südeuropäer. In ihren Küchen gibt man Lorbeerblätter sogar mit dem Olivenöl in die Pfanne und läßt sie mitschmoren.

Seit je verwendet man Lorbeerblätter zu herzhaften kräftigen Gerichten, zu Eintöpfen, Seefisch, Wild, vor allem aber zu säuerlichen Speisen, zu Marinaden, Sülzen, auch als Einlegegewürz und zum Aromatisieren von Essig. Trockene Blätter behalten lange ihre Würzkraft.

Auch in der Medizin wird Lorbeer geschätzt. Weil Blätter und Beeren Bitterstoffe und ätherische Öle enthalten, werden aus ihnen Essenzen und Salben hergestellt, die bei Rheuma helfen.

Rezepte Nr. 60, 67, 69, 74, 80

Löwenzahn *Taraxacum officinale*

Wo es Gras gibt, wächst auch Löwenzahn. Man findet ihn überall auf Wiesen und an Wegrändern. Die ersten Frühlingssalate und -suppen gewinnen durch ihn. Man nimmt dazu die zarten jungen Blätter, bevor die Pflanze blüht. Sie duften süßlich und schmecken leicht bitter. Zu Kurzgebratenem bilden sie, leicht mariniert, eine dekorative Beigabe.

In der französischen Küche bereitet man aus Löwenzahnblättern, mit Estragonessig, Öl und Salz angemacht, einen delikaten Salat.

Löwenzahn, mit Brunnenkresse, Schnittlauch und Zwiebel gemischt, wirkt entschlackend und belebend bei Stoffwechselstörungen.

Rezept Nr. 19

M

Macis *Flores macidis*

Das auch unter Muskatblüte bekannte Gewürz wird nicht aus den Blüten, sondern aus den Schalen reifer Muskatnüsse gewonnen. Es kommt aus Ceylon und Indonesien zu uns.

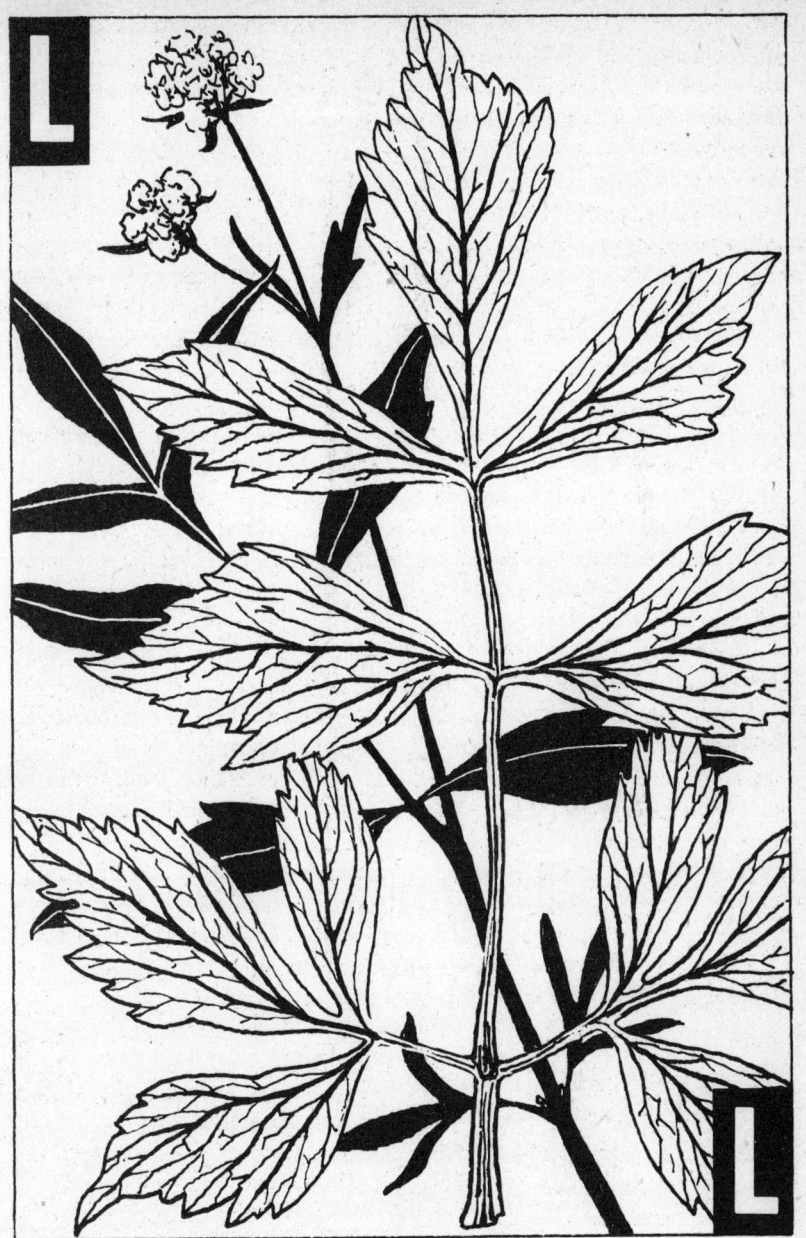

Liebstöckel

Der Duft ist stark aromatisch, der Geschmack würzig und leicht brennend, etwas milder als der der Muskatnuß.

Jahrhundertelang war Macis neben Pfeffer und Zimt eines der beliebtesten Gewürze. Es wurde in unvorstellbaren Mengen verbraucht, obwohl es sehr teuer gehandelt wurde. Macis ist ein edles Gewürz. Sparsam zugesetzt, kann es Speisen erlesenen Wohlgeschmack verleihen.

Mit einer Prise Macis gewürzt, schmecken Obstsalate besser. Man nimmt es zu Weihnachtsgebäck, besonders zu Lebkuchen – aber auch zu Fleischbrühe, Suppen, gekochtem Fisch und zu Gemüsegerichten.

Muskatblütenöl spielt eine Rolle in der Industrie. Man benötigt es für die Herstellung von Kräuterlikören, wie Cordial Médoc, und von Toilettenseifen.

Majoran *Origanum majorana*

Wenn von Majoran, auch Wurstkraut oder Mairan genannt, die Rede ist, denkt man an Knödel und Schlachtfest. Er ist eine klassische Wurstwürze von alters her.

Der Name Majoran stammt von den Arabern, die das Würzkraut aus Indien ins Mittelmeergebiet gebracht haben. Marjamie sagten sie, und das bedeutet „unvergleichlich".

Die Griechen hatten es sich gelegentlich schon vorher zu beschaffen gewußt. Statt in eine Küchenschüssel gaben sie das Gewürz in eine Opferschale und verbrannten es zu Ehren der Aphrodite. Oder sie würzten ihren Wein damit, was ungeahnte Liebeskraft verleihen sollte.

An Liebe denkt heute niemand mehr, wenn er eine kräftig gewürzte Kartoffelsuppe vorgesetzt bekommt oder eine frische Blutwurst, die nach Majoran und Thymian duftet.

Keine Küche ohne Majoran. Blätter und zarte Stiele des Würzkrauts gehören in einen Eintopf aus Erbsen oder Weißen Bohnen, zu Sauerkraut und gehacktem Fleisch. Auch Gänsebraten und ausgelassenes Schmalz bekommen durch eine Zugabe von Majoran erst den richtigen Geschmack. Damit sind die Möglichkeiten seiner Anwendung jedoch nicht erschöpft. Als Regel gilt: Fette Kost und Majoran gehören zusammen. Majoran hilft verdauen, denn er bewirkt eine bessere Magensaftabsonderung.

Heilkundige schätzten noch andere Eigenschaften des Würzkrauts. „Majoran mit den Fingern zerrieben und ins Nasenloch getan, macht niesen", heißt es in alten Kräuterbüchern, „zertheilet den Schnupfen und reinigt das Haupt."

Tatsächlich gilt Majoran noch heute als Mittel gegen Heuschnupfen.

Rezepte Nr. 43, 44, 58, 62, 64, 67, 71, 79, 82, 93

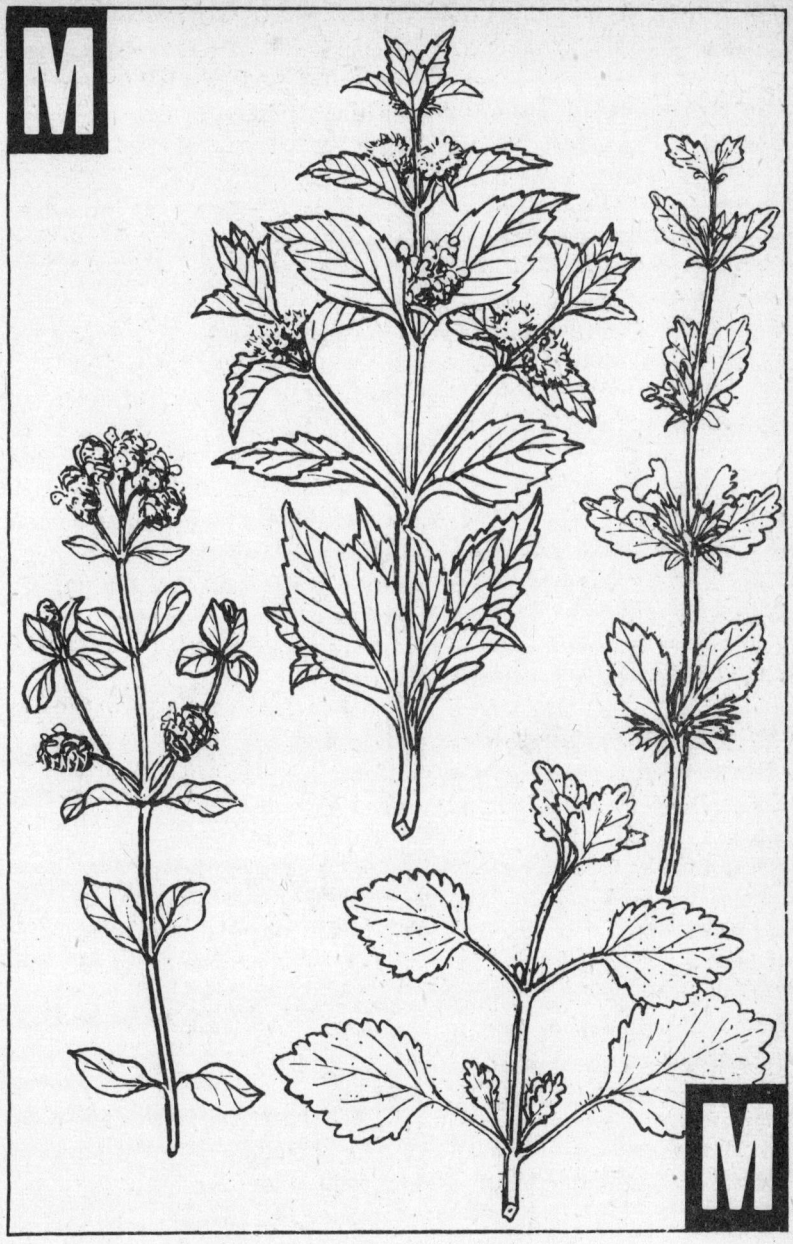

Majoran   Melisse   Minze

Mandel, bittere *Prunus amygdalus*

Der bitter schmeckende Fruchtkern des in Südeuropa wachsenden Mandelbaumes ist stark fetthaltig und besitzt als Wirkstoff Amygdalin, das sich unter dem Einfluß von Wasser in Traubenzucker, Bittermandelöl und Blausäure aufspaltet. „Von den bitteren Mandeln sollen Hanen, Katzen und Füchs sterben", heißt es in einem alten Kräuterbuch.

Der Genuß mehrerer roher Bittermandeln kann zu Vergiftungserscheinungen führen. Die in der Bäckerei dem Teig zugefügten geringen Mengen sind nach dem Backen harmlos.

Bittermandelöl – nach Vorschrift blausäurefrei – wird in der Lebensmittelindustrie, aber auch in der Hausbäckerei verwendet. Es dient zur Herstellung von Marzipan und Spirituosen und ist zum Beispiel in Eier- und Kakaolikören enthalten.

Rezept Nr. 106

Meerrettich *Cochlearia armoracia*

Mit Meer hat die rettichartige Pflanze überhaupt nichts zu tun, auch nicht mit Mähre (Pferd), wie manche vermuten. Der Name ist einfach eine mundartliche Abwandlung des lateinischen Wortes armoracia. Treffend und unmißverständlich dagegen ist ein anderer Name, den dieser Pflanze die slawischen Völker gegeben haben und den sie auf ihrer Wanderung von Osteuropa bis weit in den deutschen Sprachraum hinein bewahrt hat: Kren.

Kren, Chren oder Koren – damit ist in allen slawischen Sprachen die Wurzel gemeint, die weiße, pfahlartige Meerrettichwurzel, die einmal dünn und holzig gewesen war, doch durch Züchtung im Laufe vieler Jahrhunderte immer fleischiger geworden ist. Sie hat einen scharfen beißenden Geschmack, der uns die Tränen in die Augen treibt und doch so angenehm ist.

Meerrettich, oder besser Kren, gehört zur Gewürzküche der Menschheit. „Die Teutschen pflegen die Wurtzeln bey dem Fleisch zu kochen", vermerkte schon Tabernaemontanus – Arzt am kurfürstlichen Hofe von Heidelberg im 16. Jahrhundert, „brauchens auch mit Essig angemacht zu einer Salsen zum Fleisch, denn es bringt Lust zum Essen."

Man unterscheidet heute zwei Arten: eine mit rauher Schale und leicht bläulicher Farbe, die sehr scharf ist, und eine andere mit glatter Schale und schneeweiß, die milder, ein wenig süßlich schmeckt.

Meerrettich reicht man, feingerieben, mit Apfel oder Sahne vermischt, zu Karpfen, kaltem Braten und Würsten. Rindfleisch oder Rippchen mit Meerrettichsoße und Klößen gehören zu den klassischen Gerichten der deutschen Küche.

Rezepte Nr. 26, 33, 34, 77, 85, 88

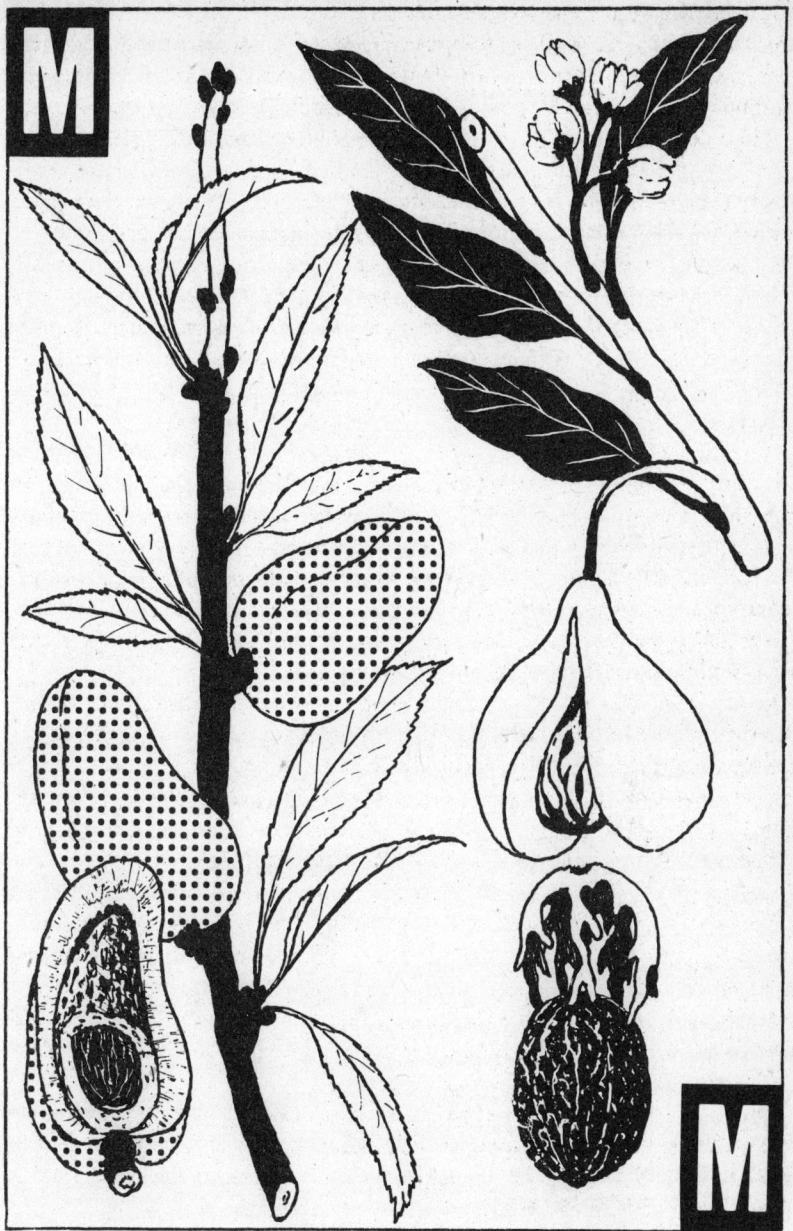

Mandel   Macis/Muskat

Melisse *Melissa officinalis*

Schon in antiker Zeit kannten die Griechen das Kraut als Küchenwürze. Sie nannten es Melissa – Bienenkraut, weil sein starker aromatischer Duft die Honigbienen anzieht.

Die gezackten Blätter riechen zitronenähnlich und schmecken leicht bitter. Sie bilden, kurz vor der Blüte geerntet, eine würzige, erfrischende Zugabe zu vielen Speisen.

Das Aroma der Melisse verträgt sich gut mit dem anderer Gewürzkräuter, ergibt sogar in richtiger Mischung interessante Geschmackskombinationen.

Mit Dill, Estragon und Borretsch zusammen paßt Melisse zu grünem Salat. Nimmt man noch Kerbel, Petersilie und Liebstöckel hinzu, hat man alle Zutaten für eine Kräutersoße, die, mit saurer Sahne oder Mayonnaise gebunden, gut zu Eiern oder kaltem Braten schmeckt. Aus Hühnerbouillon und gewiegten Melisseblättern läßt sich eine appetitliche Frühlingssuppe bereiten.

Mit Melisse, frisch gepflückt oder auch getrocknet, kann man Geflügel-, Fleisch-, Fisch- und Pilzgerichte würzen – als Austausch für Zitronenschale. Sie gibt auch Eierspeisen und Fruchtsuppen einen besonderen Wohlgeschmack und kann einer Bowle eine eigene Note verleihen.

Auch in der Heilkunde wurde der Wert der Melisse erkannt. Paracelsus rühmte sie als „die beste Pflanze für das Herz". Sie gilt als bewährtes Hausmittel bei nervösen Magen- und Darmbeschwerden, Migräne und Schlaflosigkeit – als Teeaufguß, wenn möglich zusammen mit Pfefferminze.

Rezepte Nr. 1, 4, 20, 26, 47, 74, 83, 91, 96

Minze, Pfefferminze *Mentha piperita*

Man denkt an Gesundheitstee, an Bonbons und giftgrünen Likör, wenn man das Wort Pfefferminze, auch einfach Minze genannt, hört. Daß sie auch ein hervorragendes Würzkraut für die Küche ist, wissen nur wenige.

Anders in den angelsächsischen Ländern. Es gibt keinen Briten, der nicht für Minzsoße schwärmt. Diese Vorliebe für Pfefferminze haben die Angelsachsen, wie manches andere auch – so zum Beispiel den Ingwer –, im Orient entdeckt, wo ebenfalls die Minze von alters her hochgeschätzte Speisewürze ist.

Minze wächst wild und als Gartenpflanze in mehreren Arten. Der Geschmack ihrer Blätter ist zuerst würzig und scharf, dann kühlend beim Einatmen. Sie enthalten Menthol.

Minzsoße ist in England eine Nationalspeise wie Roastbeef und Plumpudding. Man verwendet dazu feingewiegte Minzeblätter und zarte junge Triebe und reicht die Soße – warm oder kalt – zum Hammelbraten. Feingehackte Minze mischt man auch unter Quark, grüne Salate, Pilze, Spinat.

Die Pfefferminze hat auch als Arzneipflanze einen guten Ruf. Sie wirkt auf Magen, Darm und Galle. Als Tee hilft sie gegen Appetitlosigkeit und Verdauungsstörungen, als Einreibung gegen Migräne und mangelhafte Durchblutung der Haut.

Pfefferminzöl dient in der Industrie zur Herstellung von Zahnpasta, Nasentropfen und Tabletten.

Rezepte Nr. 24, 28, 42, 70

Mohn *Papaver somniferum*

Die graublauen Samenkörner der aus Asien stammenden Mohnpflanze sind, wenn sie geerntet werden, fast geruchlos. Ihr feiner nußähnlicher Geschmack entwickelt sich erst beim Backen oder Kochen.

Im Altertum baute man Mohn an, um daraus Öl zu gewinnen. Die Samen enthalten bis zu 50 Prozent Öl. Die Griechen kannten aber auch schon die schmerzstillende Wirkung des getrockneten Saftes der Mohnkapsel, der das Opium enthält.

So stellte um die Mitte des ersten Jahrhunderts der in Rom lebende griechische Arzt Dioskurides fest: „Die Abkochung der Blätter und Köpfe des Mohns macht schläfrig . . . beschwichtigt Schmerzen, bringt Schlaf." Wie in der „Odyssee" erwähnt wird, gab es Kräuterkundige, die daraus einen betäubenden, alle Erinnerung auslöschenden Trank zu mischen verstanden.

Der lateinische Name bedeutet in wörtlicher Übersetzung „schlafbringender Kinderbrei".

Der Mohn gilt als eine der ältesten Würz- und Arzneipflanzen der Welt. Seine Geschichte reicht bis in die Zeit zurück, als noch Pfahlbauten an den Ufern märkischer Seen standen.

Mohnsamen enthalten praktisch keine narkotisch wirkenden Stoffe. Man verwendet sie als aromatische Zutat zu Gebäck und als Grundstoff für Küchenfüllungen und Süßspeisen.

Mousseron *Marasmius scorodonius*

Ein Pilz unter den Gewürzen – man findet ihn, wenn man Glück hat, an grasigen Stellen in Laub- und Nadelwäldern.

Der Mousseron, auch Lauchschwindling oder Knoblauchpilz genannt, hat ein nur 2 Zentimeter breites, flaches bräunliches Hütchen, das von einem fadendünnen 4 Zentimeter hohen Stiel getragen wird. Der Duft ist stark aromatisch, knoblauchähnlich.

Mousseron ist ein hervorragender Gewürzpilz und nur als solcher zu verwenden. Nach dem Trocknen bewahrt man ihn in gut verschlossener Dose auf. In geringer Menge zugesetzt, würzt er Soßen, Suppen (Kartoffelsuppe), vor allem aber Wild- und Hammelbraten. Er wächst von Juni bis Oktober.

Siehe auch Pilze.

Muskatnuß *Myristica fragrans*

Um diese Nuß sind Kriege geführt worden. In antiker Zeit war sie als duftender Balsam hochbegehrt. Zusammen mit Weihrauch und Ambra verbrannte sie auf den Räucheraltären und verbreitete in den Tempeln betörende Wohlgerüche. Und das ließen sich die Priester aller Gottheiten etwas kosten.

Diejenigen, die die Muskatnuß von weit her heranschafften, verdienten am Zwischenhandel und wurden reich: Phönizier zuerst, dann Perser und Araber. Im Jahre 1512 entdeckten Portugiesen die Quelle solchen Reichtums auf den Molukkeninseln. Sie nahmen sie in Besitz und diktierten fortan die Preise.

Dann waren die Holländer an der Reihe. Im 18. Jahrhundert schütteten sie Tausende von Tonnen Muskatnuß ins Meer und steckten ganze Vorratslager in Brand, um das Angebot knapp und den Preis hoch zu halten.

Um das Jahr 1800 entstanden auf den Inseln Mauritius und Madagaskar französische Plantagen von Muskatbäumen, und bald wurde fast der gesamte Weltbedarf von dort gedeckt.

Die Muskatnuß ist eigentlich keine Nuß, sondern der Samenkern einer fleischigen Frucht. Wenn er getrocknet und steinhart geworden ist, wird er durch einen weißen Kalküberzug haltbar gemacht und gelangt so in den Handel.

Viele Gerichte erhalten durch einen Hauch geriebene Muskatnuß den letzten Schliff: Fleischspeisen, Gemüse- und Kartoffelgerichte, Fleischbrühe, Käseauflauf und Pasteten. Auch Backwerk und Obstsalat gewinnen dadurch ebenso wie Punsch, Milch, Trinkschokolade und Likör.

Rezepte Nr. 10, 39, 40, 45, 51, 52, 67, 68, 81, 107, 112, 121

N

Nelkenpfeffer *siehe Piment*

Nelken *Cariophyllus aromaticus*

Sie sind die Nägelein des Mittelalters, die Minnesänger im Lied gepriesen haben. Als erlesene Kostbarkeit wurden sie mit Gold aufgewogen – im wahrsten Sinne des Wortes. Fürstenhäuser und Klerus setzten alles daran, sie sich zu beschaffen. Doch das war nicht so leicht, denn die Nägelein wuchsen nicht, wie es im Lied hieß, in Nachbars Garten, sondern auf den Molukkeninseln – was man damals noch nicht wissen konnte.

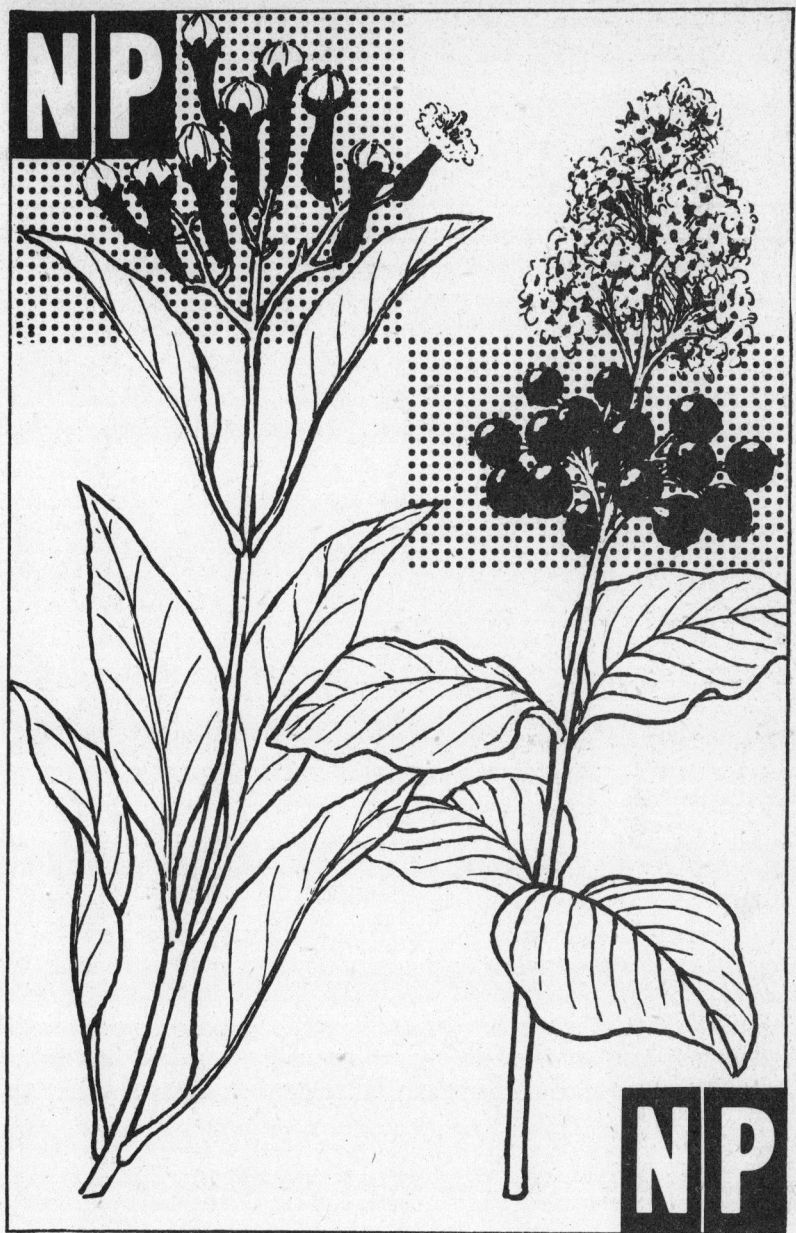

Nelke   Piment

Ihren Namen erhielten die getrockneten kleinen braunen Blütenknospen, weil sie handgeschmiedeten eisernen Nägeln so täuschend ähnlich sahen.

Schon vor Tausenden von Jahren müssen Schiffe mit solcher Fracht die Meere gekreuzt haben. Nelken gehören zu den ältesten Gewürzen der Menschheit. Auch in China waren sie lange vor unserer Zeitrechnung bekannt.

Gewürznelken werden als rote Blütenknospen kurz vor der Blüte geerntet und getrocknet – ursprünglich nur auf den Molukkeninseln, der Heimat so vieler Gewürze.

Ganz oder gemahlen werden sie in Küchen, Bäckereien, Fleischereien und auch in der Spirituosen- und Parfümindustrie benötigt. In der Küche nimmt man Nelken zu Braten, Ragouts, Rotkohl, Backwerk, Kompott und Pflaumenmus. Ebenso begehrt sind sie auch für Getränke wie Punsch, Glühwein und Fruchtsäfte. Nelken haben einen kräftigen aromatischen Geschmack, in geringer Menge zugefügt, helfen sie, den Eigengeschmack einer Speise abzurunden, zu reichlich können sie anderen Geschmack übertönen.

In Gewürzmischungen wie Curry und Lebkuchengewürz, auch in feiner Schokolade ist Nelkengewürz enthalten, oft zusammen mit Zimt und Kardamom. Selbst in einem Parfüm sind Nelken immer dabei: im Kölnischwasser. Nelkenöl spielt in der Zahnmedizin eine Rolle.

Rezepte Nr. 67, 105, 109, 120, 121, 122

Orange *Citrus sinensis*

Nagrunga nennen sie die Inder von alters her; Naranschi die Araber. Als im 16. Jahrhundert portugiesische Seefahrer auf den südlichen Märkten die goldfarbenen Früchte entdeckten und Proben davon nach Europa brachten, kam auch der Name mit: Naranci schrieben sie und später nur Aranci. Im Laufe von drei Jahrhunderten wurde daraus die heutige Orange.

Noch einen Namen gilt es zu erklären: Botaniker, die damals lateinisch schrieben, machten aus dem fremdländischen Apfel Aranci einen Poma aurantia. Und daraus entstand Pomeranze.

Wie man sieht, handelt es sich um dieselbe Frucht. Bei uns fand man noch einen dritten, eigenen Namen, der jedenfalls deutlich die Herkunft aus Ostasien erkennen läßt. Man nannte diese Frucht einfach Apfel aus Sina (China) oder Apfelsine.

Unter Pomeranze versteht man heute eine etwas bittere Orangenart, die sich nur in verarbeiteter Form zum Genuß eignet. Aus ihrer Schale wird das Orangeat gewonnen.

Längst wird die Orange in allen südlichen Ländern der Welt angebaut. Man unterscheidet bereits hundert verschiedene Arten: süße und weniger süße in allen Varianten.

Verwendet werden Saft und getrocknete Schalen als Backzutat, zu Süßspeisen, Kompott und zu Fleischgerichten, besonders zu Geflügel. Die Schale von chemisch behandelten Früchten darf nicht verwendet werden.

Oregano *siehe Dost*

P

Paprika *Capsicum annuum*

Schiffsarzt Chanca, der Kolumbus auf seiner Fahrt über den Atlantik begleitet hatte, brachte die ersten Samenkörner mit und machte sie der Königin Isabella zum Geschenk. Mit diesen Körnern begann die unwahrscheinliche Karriere des Paprikas.

Zuerst baute man ihn in Spanien an, dann auch in Italien und auf dem Balkan, wo er den damals herrschenden türkischen Beys besonders zusagte. Die ungarischen Bauern nahmen sich des fremden Gewürzes an und machten aus ihm das, was er heute ist – Ungarns Nationalgewürz. Er ist unübertroffen in Farbe, Aroma und Geschmack, von einer angenehmen pikanten Schärfe und bekömmlich dazu. Mit Recht hat er sich von Ungarn aus die Küchen der ganzen Welt erobert.

Wer an Paprika denkt, denkt auch an Ungarn, und wer Ungarn sagt, sagt auch Paprika. In der Erntezeit, wenn die Früchte in der Sonne gereift sind, hängen rote Paprikagirlanden um die Bauerngehöfte der Produktionsgenossenschaften. Ist der Paprika getrocknet und zusammengeschrumpft, wird er in die Mühlen gebracht, zu Pulver gemahlen und verpackt. Fünf verschiedene Schärfegrade unterscheidet man – von scharf bis mild und edelsüß. Paprika ist Gemüse und Gewürz zugleich. Aus den frisch geernteten Früchten bereitet man Frischkostsalat und ein wohlschmeckendes Gemüse. Als Gewürz paßt er – außer zu Süßspeisen – zu fast allem.

Was nicht alle wissen: Paprika darf nicht in siedendes Fett getan werden, denn durch das Mitrösten wird der enthaltene Zucker karamelisiert, und es entwickelt sich ein bitterer Geschmack. Man nimmt den Topf vom Feuer und gibt dann erst den Paprika hinein.

In den dreißiger Jahren entdeckte der ungarische Arzt Dr. Szentgyörgyi erstmalig das Vitamin C im Paprika. Er erhielt dafür den Nobelpreis. Ein Gramm

Paprikapulver enthält mehr Vitamin C als der Saft von vier Zitronen. Und das ist noch nicht alles. Neuere Forschungen haben ergeben, daß Paprika auch das Vitamin P enthält, das die Blutgefäße gesund erhält. Paprika senkt den Blutdruck und schützt, regelmäßig genossen, gegen vorzeitige Arterienverkalkung. Delikateßpaprika ist mild und aromatisch, von leuchtendroter Farbe. Edelsüßer Paprika ist nicht sehr scharf, doch würzig, von dunklerer Farbe. Halbsüßer Paprika ist etwas schärfer, von dunklerer Farbe. Rosenpaprika ist sehr scharf und von blasser Farbe. Scharfer Paprika ist extrem scharf, von braunroter Farbe. Nur kleine Mengen verwenden!

Rezepte Nr. 20, 25, 61, 65, 66, 68, 73, 79, 87, 88, 90, 103

Petersilie *Petroselinum crispum*

Petersilie ist das beliebteste und meistgebrauchte Gewürzkraut. Sie ist auch wirklich vielseitig zu verwenden. Als Würze gibt sie manchen Gerichten den letzten Schliff, als Dekor ziert sie mit ihrem Grün Schüsseln und Platten. Man kann sie leicht im Garten oder im Blumenkasten ziehen und ebenso leicht auf Vorrat halten. Außerdem ist sie ein ausgezeichneter Vitaminspender. Zwei Eßlöffel gehackter Petersilie genügen, um den täglichen Bedarf eines Menschen an Vitamin C zu decken.

Der Name verrät seine Herkunft. „Petros" heißt im Griechischen Stein und „Selinon" Kraut. Im alten Hellas wurden der kleinen Pflanze Wunderkräfte zugesprochen. Herakles schmückte, wie es in der Legende heißt, sein Haupt mit einem Petersilienkranz, als er auszog, den Augiasstall auszumisten und den Kampf mit der Hydra zu bestehen.

Mit Kränzen aus geflochtener Petersilie ehrte man auch die Sieger im sportlichen Wettkampf. Der griechische Sänger Anakreon besang mit seinen Versen die Liebe und den Wein – und auch die Petersilie. Das Kraut galt auch als ein Symbol festlicher Fröhlichkeit.

In späteren Zeiten urteilte man nüchterner. Wie Hieronymus Bock vor vierhundert Jahren berichtete, war die Petersilie nicht mehr und nicht weniger als „der Reichen und Armen fürnemst Küchenkraut". Zwei Arten wurden gezüchtet: eine mit sehr aromatischen, glatten Blättern und eine andere mit weniger würzigen und krausen Blättern, die mehr für die Garnierung von Speisen gedacht ist. Feingewiegte Petersilie paßt zu Salaten, Suppen und Eintopfgerichten, Gemüse und frischen Kartoffeln. Petersiliensoße zu gekochtem Fleisch oder Fisch ist eine Delikatesse.

Petersilie darf nicht mitkochen oder lange stehenbleiben, sie verliert leicht ihre Würzkraft.

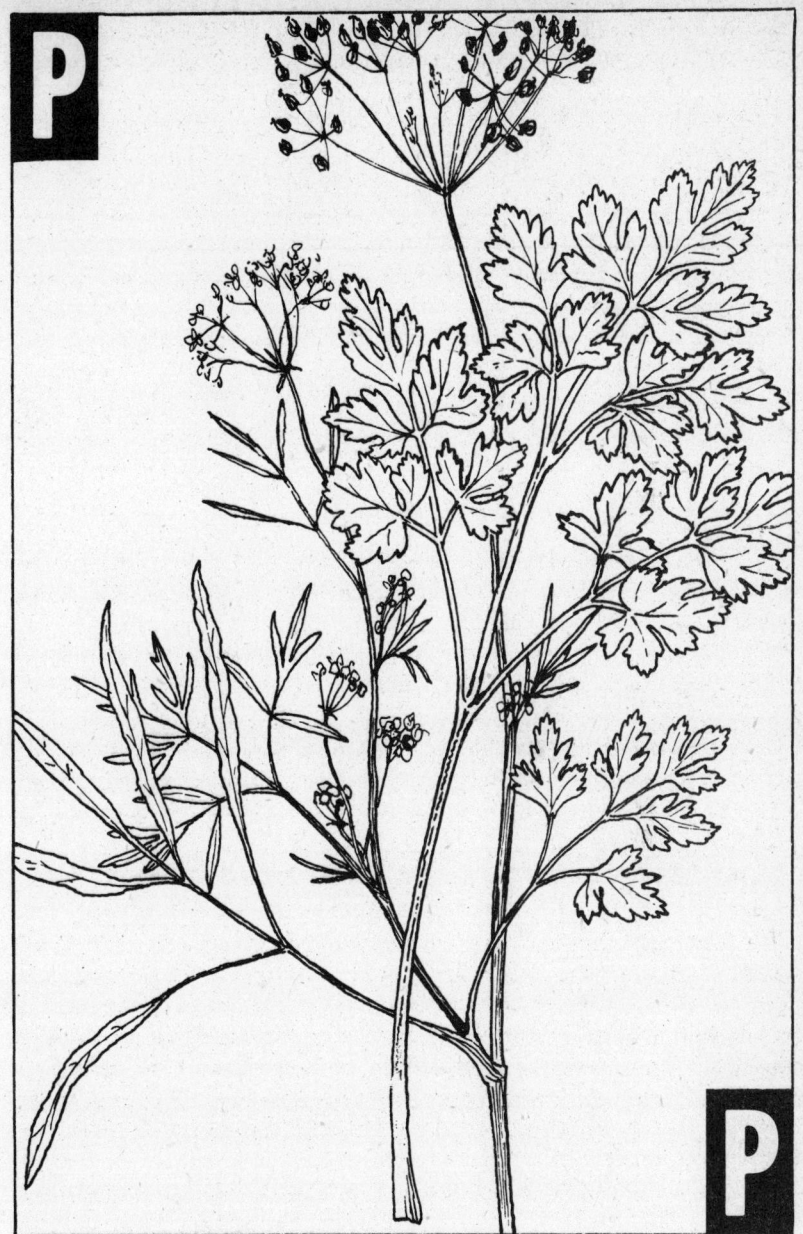

P

P

Petersilie

Auch die Wurzel besitzt ein angenehmes, kräftiges Aroma. Sie macht Rindsbouillon und Suppen besonders schmackhaft, sie darf längere Zeit mitkochen. Petersilie regt den Appetit an, fördert die Verdauung und wirkt harntreibend. Rezepte Nr. 1, 6, 7, 38, 41, 48, 50, 60, 82, 91, 92, 99, 103 u. a.

Peperoni *Capsicum frutescens*

Cayennepfeffer, auch Chilipfeffer, Chillies oder Peperoni genannt, ist ein entfernter Verwandter des ungarischen Paprikas. Als Gewürz dienen die extrem kleinen, nur einen Zentimeter langen roten Schoten. Sie schmecken höllisch scharf – zwanzigmal schärfer als Paprika.

Der Genuese Chanca, der mit Kolumbus nach Westen gesegelt war, berichtet 1494, daß die Bewohner des neuen Erdteils damit ihre Speisen würzten, „mit einem Gewürz, das sie Agi nennen".

Die Pflanze, die solche Früchte trägt, wächst im tropischen Amerika in dreißig verschiedenen Arten. Man baut sie heute auch in tropischen Ländern anderer Erdteile an: in Guinea, Sansibar und Indien, und die Züchter wetteifern um die schärfste aller Früchte.

Für Kinder und Magenkranke ist Cayennepfeffer kein Gewürz. Sehr vorsichtig die Speisen würzen! Wenn aus Unachtsamkeit ein Stäubchen ins Auge gerät, verursacht es brennenden Schmerz.

In den Küchen südlicher Länder wird Cayennepfeffer in größerer Menge als bei uns verbraucht. Er gehört zu südamerikanischen Nationalgerichten, zur Chillie- und Tabascosoße.

Man verwendet Cayennepfeffer auch bei uns zuweilen als Würze an Hülsenfrüchte, zu Räucherwurst, Schweinefleisch und gebratenem Fisch, zu Käse und Eiern, zum Marinieren von Heringen und zum Gurkeneinlegen. Wie gesagt, nur in ganz geringen Dosen.

Wer solchen Teufelspfeffer mag, kann ihn als Zimmerpflanze erwerben. Mit den kleinen weißen Blüten, den erst/gelben, dann roten Früchten ist er eine Zierde.

Pfeffer *Piper nigrum*

Pfeffer war einmal gleichbedeutend mit Gewürz überhaupt. Kuchen, an den man verschiedenerlei Gewürz tat, nannte man Pfefferkuchen. Händler und überhaupt alle, die am Gewürz verdienten und oft seinen Preis diktierten, waren „Pfeffersäcke", die man wegen ihrer gepfefferten Rechnungen am liebsten dorthin wünschte, wo der Pfeffer wächst.

Man wußte, daß der Pfeffer von sehr weit herkam, doch von wo – das blieb lange Zeit unbekannt.

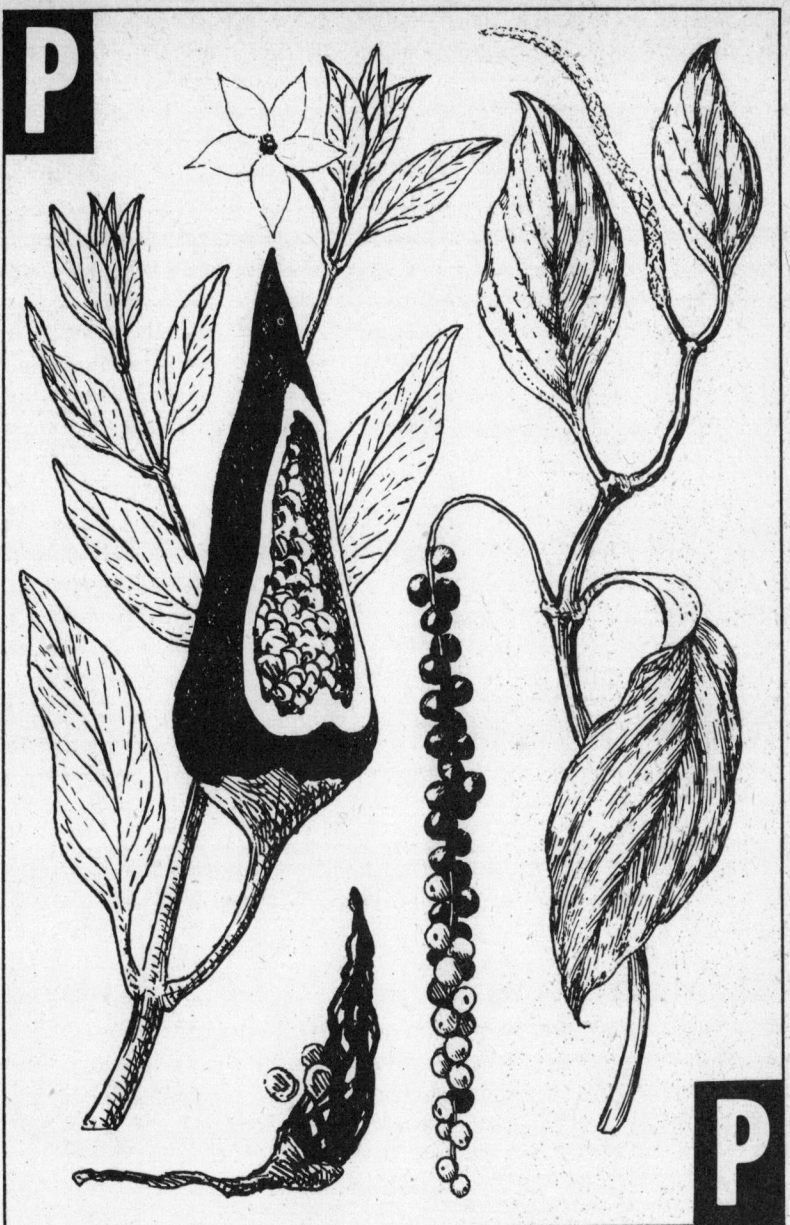

Paprika   Peperoni   Pfeffer

Der Pfeffer hat eine lange Geschichte. Schon die Griechen kannten ihn als „peperi". Der Römer Plinius pries seine wunderbare Wirkung. Erst als Portugiesen Südafrika umsegelten, erhielt Europa Kunde von dem in Ostindien wachsenden Pfefferstrauch. Vasco da Gama brachte von seiner ersten Fahrt eine volle Ladung heim. Drei Jahre später segelte er noch einmal mit zwanzig Schiffen. Damit begann unter Umgehung des arabischen Zwischenhandels eine wilde Jagd nach dem so begehrten Gewürz.

Pfefferkörner sind die grünen und später roten Beeren einer strauchartigen Pflanze. Dieselbe Pflanze liefert uns schwarzen und weißen Pfeffer nach Wunsch. Für schwarzen Pfeffer werden unreife grüne Beeren so lange getrocknet, bis sie zu schwarzen runzligen Körnern geworden sind. Das getrocknete Fruchtfleisch macht sie besonders scharf. Für weißen Pfeffer wird das Fruchtfleisch von den reifen roten Beeren entfernt, und es trocknen nur die Kerne. Sie sind etwas milder und feiner im Geschmack. Pfeffer ist ein Universalgewürz, kann nach Gutdünken fast jedem Gericht zugegeben werden, ganz oder gemahlen. Nur zu Süßspeisen paßt er nicht. Er fördert die Verdauung, wirkt auch schweiß- und harntreibend. Für die Diätküche ist er zum Teil ungeeignet.

Phantasielose Einseitigkeit und übermäßiger Verbrauch haben den Pfeffer in einen etwas schlechten Ruf gebracht. Er verdient das nicht. Man muß nur vorsichtig und behutsam mit ihm umgehen – wie mit jeder Kostbarkeit.

Rezepte Nr. 46, 57, 60, 80

Pfefferkraut *siehe Bohnenkraut*

Pfefferminze *siehe Minze*

Pilze

Pilze waren schon in antiker Zeit Gemüse und Gewürz zugleich. „Champignons koche mit Most und einem Stengel grünen Koriander", empfahl der Römer Apicius. „Sind sie gar, entferne den Koriander und trage sie in ihrer Brühe auf."

Ludwig XIV. ließ in den Katakomben von Paris die ersten Champignonkulturen Europas anlegen. Später kamen stillgelegte Kohlengruben hinzu. Champignons, ja Pilze überhaupt, wurden eine begehrte Delikatesse.

Pilze haben zwar nicht viel Nährstoffe, doch einen hohen Eiweißgehalt, der sich beim Trocknen zu duftenden Aminosäuren abbaut, die u. a. auch Fleischextrakt sein typisches Aroma geben. Durch einen Zusatz von getrockneten Pilzen oder von Pilzpulver erhalten Suppen, Soßen, Hackfleisch, Ragouts und Pasteten einen pikanten Geschmack.

Pimpinelle   Portulak

Pilze mit hohem Würzgehalt sind vor allem der stark nach Suppenwürze riechende rötlichgelbe, leicht zerbrechliche Bruchreizker und der Knoblauchpilz, auch Mousseron genannt. Siehe auch Mousseron.
Rezepte Nr. 68, 74

Piment *Pimenta officinalis*

Der Duft der vor ihrer Reife gepflückten und getrockneten Beeren ähnelt dem der Gewürznelken, mit leichtem Anklang an Muskat und Zimt, und dabei sind sie bald so scharf wie Pfeffer; daher auch der Name Nelkenpfeffer. Piment paßt zu Fleisch, Fisch und Würsten und ist häufig in Mischgewürzen enthalten. Auch Lebkuchen werden damit gebacken.

Mit Piment und Vanille würzten die Azteken ihre Schokolade. Die Süßwarenindustrie macht es ihnen heute nach.

Pimpinelle *Pimpinelle magna*

Wenig beachtet, fast vergessen wächst dieses Kraut, auch Bibernell oder Bockspertersilie genannt, in vielen Arten wild auf Wiesen und Äckern. Nur selten ist es in einem Garten zu finden. Dabei hat es einmal in der Ernährung unserer Vorfahren eine bedeutende Rolle gespielt: „Eßt Durmedill und Bibernell, dann sterbt ihr nit so schnell", lautet ein Spruch aus dem Pestjahr 1348. Im Mittelalter galt Pimpinelle als ein wirksames Mittel gegen die Pestgefahr.

In der Industrie verwendet man Pimpinelle als Gewürz zu Magenlikör und Gurgelwasser. Und in der Küche?

Die Blätter sind, feingehackt, eine aromatische Zutat zu Salaten, Suppen und Kräutersoßen. Pimpinelle paßt gut zu zartem Gemüse. Im übrigen wird sie weniger allein als in Kräutermischungen verwendet.

Über die Herkunft des Namens besteht Unklarheit, niemand vermag zu sagen, was er bedeutet.
Rezepte Nr. 1, 4, 25, 26, 47, 56, 94

Pomeranze *siehe Orange*

Portulak *Portulaca oleracea*

Vor zweihundert Jahren war das aus dem Süden stammende dickblättrige Würzkraut, das man auch Bürzelkohl oder Kreusel nennt, in unseren Kräutergärten noch sehr häufig zu finden. Es ist heute nur noch wenig bekannt.

Hier und da werden seine kleinen Blütenknospen als Kapernersatz in Essig- und Salzwasser eingelegt.

Seine würzigen Blätter können, roh und feingewiegt, dem Spinat oder der Tomatensuppe einen kräftigeren Geschmack verleihen. Wie Spinat zubereitet, bilden sie ein eigenes Gemüsegericht. Portulak paßt auch gut zu Blattsalaten und zu gemischten Salaten.

In alter Zeit schätzte man Portulak vor allem als Heilmittel gegen Nieren- und Blasenleiden. „Burtzelwasser" trank man im Mittelalter gegen Fieber und Ruhr. Es sollte auch, wie man in alten Schriften lesen kann, wacklige Zähne wieder festgemacht haben.

Rezepte Nr. 20, 23, 95

Q

Quendel *Thymus serpyllum*
Quendel ist die bei uns vorkommende Art des Thymians.
Er kann als Gewürz in der gleichen Weise verwendet werden.

Siehe auch Thymian.

R

Raute *Ruta graveolens*
Die Küche des Mittelalters würzte mit Raute – auch Weinraute genannt – selbstgebrannten Schnaps. Ganze Zweiglein wurden in die Flaschen getan. Jungen Bräuten gab man sie auch in die Schuhe, damit ihnen „nicht Unrechtes an den Leib komme". Lange Zeit galt das aus dem Süden stammende Würzkraut als wirksamer Schutz gegen die Pestgefahr.

Die schönen blaugrünen Blättchen haben auch als Vorbild für das Kreuz der französischen Spielkarten gedient. Als Küchenwürze war Weinraute einmal recht populär, heute ist sie – eigentlich zu Unrecht – fast vergessen.

Für den, der sie als Gewürz versuchen will: Kleingehackt eignen sich die stark aromatischen Blätter als Zugabe zu Spinat, Wirsingkohl und Pilzen, Hammelfleisch, gekochtem Fisch, Käse und Quarkspeisen. Sie passen auch in eine Wildbretbeize und feingeschnitten aufs Butterbrot.

Weinraute soll man jedoch nur in einer geringen Menge als Gewürz in der Küche verwenden. Auch können empfindliche Menschen bei der Ernte Hautreizungen erleiden.

Für den Winter müssen die Triebe vor der Blüte abgeschnitten und die abgestreiften Blätter an einer luftigen Stelle rasch getrocknet werden.

Rosmarin *Rosmarinus officinalis*

„Rosmarin und Thymian wächst in unserm Garten – Jungfer Ännchen heißt die Braut, soll nicht lang mehr warten." In Volksliedern und Sinngedichten ist von Rosmarin oft die Rede. Er war das Grün der hoffenden Verliebten, war Liebesbeweis: „Drauf schick ich ihr ein Kränzelein, schön Rosmarin, braun's Nägelein." Solche Bräuche gehen bis in die Zeit der Antike zurück, als das Kraut der Göttin Aphrodite geweiht war und sich Jungfrauen mit Rosmarinkränzen zu schmücken pflegten.

Zugleich war Rosmarin als Küchenkraut hochgeschätzt. Noch heute gilt er in der Kochkunst Frankreichs und Italiens als unentbehrlich. Rosmarinblätter haben ein würzig-bitteres Aroma, das besonders gut mit Fleisch harmoniert. Die Italiener nehmen das Kraut auch zu gebratenem Fisch und würzen damit ihre Suppen und Soßen.

Früher nahm man Rosmarin zum Bierbrauen und setzte ihn dem Wein zu.

Rosmarin ist heute als Küchengewürz bei uns in Vergessenheit geraten. Dennoch haben wir ihn jeden Tag bei uns – nämlich als wichtigen Bestandteil des Kölnischwassers und mancher Toilettenseifen.

Rezepte Nr. 58, 60, 71, 82

S

Safran *Crocus sativus*

„Milch und Mehl, Safran macht den Kuchen gel", heißt es in einem alten Abzählvers. Safran wurde früher in den Küchen mehr verbraucht als heute. Das Gewürz ist bei uns aus der Mode gekommen. Safran hat einen zart-bitteren, würzigen Geschmack. Er gibt hellen Soßen, Bouillons, Geflügel- und Fischgerichten eine besondere Note. Durch Safran bekommen ein Risotto milanese und die echte Bouillabaisse, die französische Fischsuppe, die appetitlich gelbe Farbe und den Wohlgeruch. Im antiken Griechenland füllte man Safran in Kissen, auf denen die Gäste bei einem Gastmahl Platz nahmen. Man parfümierte sich auch damit. Es galt als vornehm, nach Safran zu duften. Das Gewürz wird aus den Narben eines Krokusgewächses gewonnen. Araber haben es nach Europa gebracht.

Rezept Nr. 106

Salbei *Salvia officinalis*

Die Pflanze findet man als niedrigen Halbstrauch wildwachsend überall im Süden. Sie wächst heute auch in unseren Gärten und kann sogar auf dem Balkon gezogen werden. Doch erreicht Salbei in unserer Sonne nicht das volle Aroma.

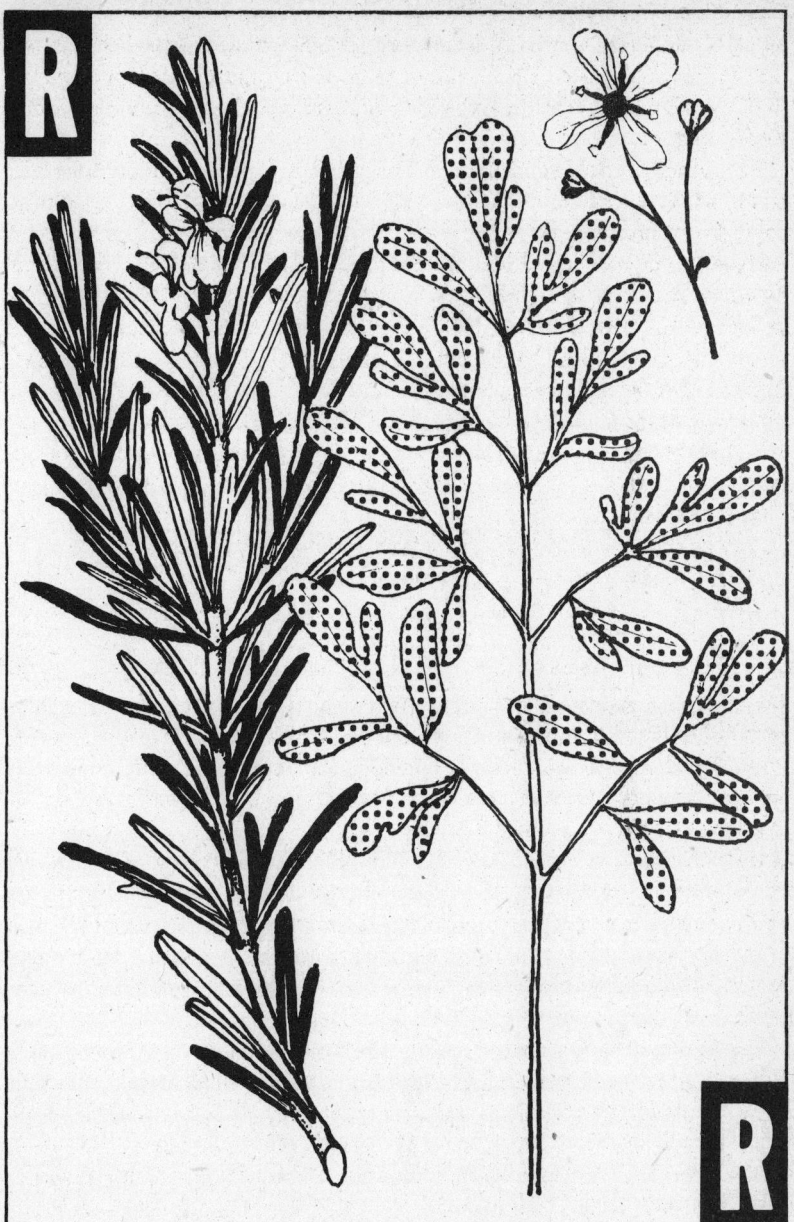

Rosmarin   Raute

Das Kraut hat einen würzig-bitteren Geschmack, paßt gut zu Hülsenfrüchten und fettem Fleisch, macht es schmackhafter und leichter verdaulich.

Man nimmt Salbei vor allem zu Hammelbraten, fettem Fisch und für Geflügelfüllungen. Salbei macht die Speisen feiner, würziger, rundet deren Eigengeschmack ab.

Italienische Gerichte sind oft mit Salbei gewürzt, so zum Beispiel die berühmte Saltimbocca. Auch beim Schaschlyk sollte man nicht vergessen, einige Blättchen davon zwischen die Fleisch-, Speck- und Zwiebelscheiben zu stecken. Und Hühnerleber, mit Salbei zubereitet, ist eine Delikatesse. Die Fleischer verwenden Salbei als wichtiges Wurstgewürz.

Sogar ein Gebäck läßt sich aus Salbei zubereiten. Gottfried Keller schreibt von einer Schweizer Wirtin: „Auch nahm sie eine Handvoll Salbeiblätter, tauchte sie in einen Eierteig und buk sie in heißer Butter zu sogenannten Mäuschen, da die Stiele wie Mäuseschwänze aussahen."

Salbei hat sich u. a. gegen Heiserkeit, Entzündungen der Mund- und Rachenhöhle sowie gegen Schweißausbruch bewährt. Seinen Namen trägt das Kraut zu Recht: „Salvia" heißt heilen.

Viele Erzeugnisse der pharmazeutischen Industrie, wie Tinkturen, Extrakte und Pasten, ja sogar Zahncreme enthalten Salbei.

Rezepte Nr. 55, 63, 69, 72, 78, 83, 101, 114

Salz

Auf alle Gewürze kann man notfalls verzichten, auf Salz niemals. Es ist nicht irgendeine Würze unter anderen, sondern die Würze aller Würzen.

Ohne Salz geht es nicht, kann der Mensch nicht leben. Es ist lebensnotwendig wie das Wasser, und es ist durch nichts zu ersetzen. Jedenfalls nicht auf die Dauer.

Unser Körper braucht am Tag etwa fünf Gramm Salz. Wird ihm diese Menge vorenthalten, kann das zu Schäden, ja zum Tode führen. Wird der Konsum aber übermäßig gesteigert, können ebenfalls gesundheitliche Schäden eintreten.

Salz ist das einzige Gewürz aus dem Mineralreich. Es kommt in der Natur als Steinsalz vor und wird gemahlen, oder es wird aus Salzsolen oder Meereswasser durch Verdampfen oder Verdunsten gewonnen.

Um es zu beschaffen, zogen früher ganze Völkerstämme von einem Land ins andere. Seinetwegen wurden Kriege geführt, brachen Aufstände aus. Wer heute nach dem Salzstreuer greift, ist sich nicht mehr bewußt, welche Rolle der unscheinbare weiße Stoff in der menschlichen Geschichte gespielt hat.

Salz übernahm zeitweise die Funktion des Geldes. Römische Legionäre erhielten es als Löhnung. Sol nannten es die Lateiner. Daraus wurde später der

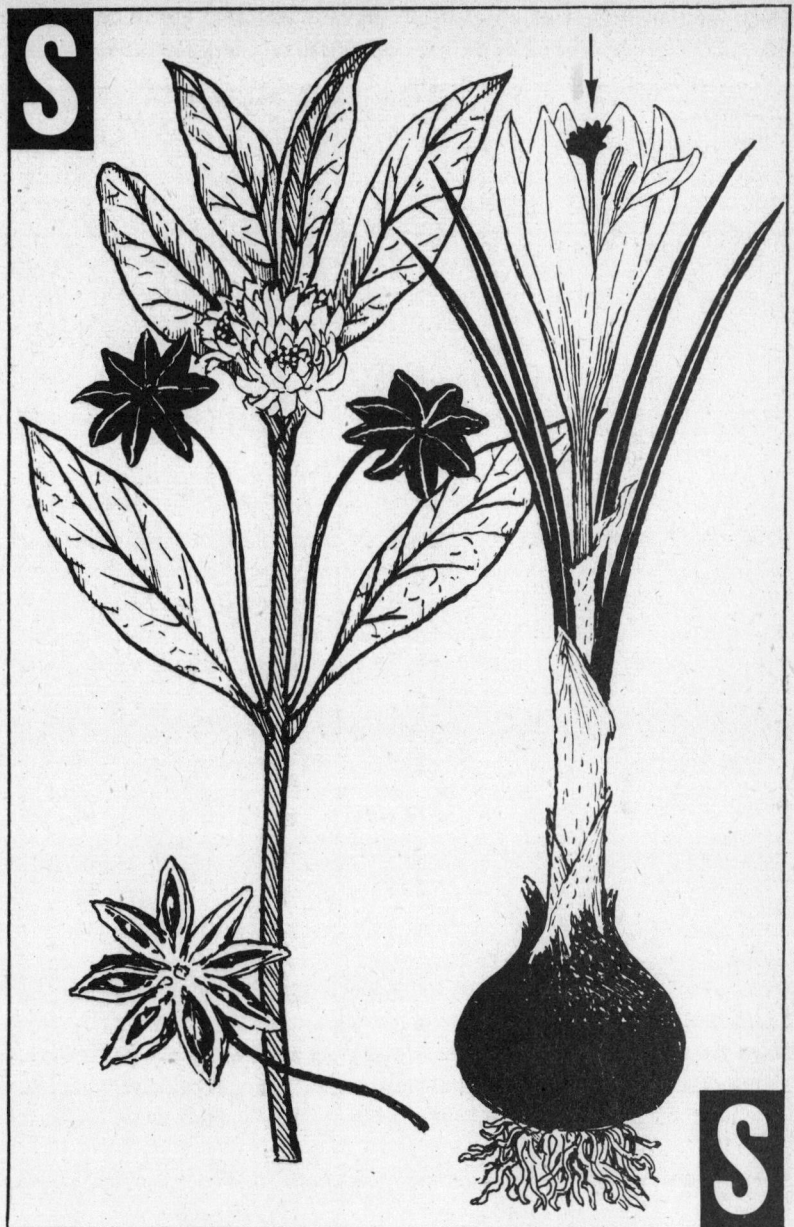

Sternanis   Safran

Sold, und aus den Legionären wurden Söldner und Soldaten. Im Kampf zwischen Rom und Karthago ging es um die von den Phöniziern angelegten Salzbergwerke. Für einen Sack Salz wurden Menschen in die Sklaverei verkauft oder auch erschlagen.

Über den Umgang mit Salz in unseren Tagen: Die paar Gramm, die wir täglich brauchen, um unseren Salzpegel auf normalem Stand zu halten, sind bereits in vielen Nahrungsmitteln enthalten – im Brot, in der Butter und der Wurst. Auch Gemüse enthält Salz. Das sollten wir bedenken und unsere Speisen nicht noch zusätzlich zu stark salzen.

Sauerampfer *Rumex acetosa*

„Oh, Sauerampfer, welcher Preis gebührt dem, der dich noch kennt", klagt der Römer Lucilius über die Völlerei seiner Zeit und erinnerte an die Einfachheit der Väter, die sich noch mit einem Wildgemüse begnügten.

Sauerampfer kommt heute nicht mehr nur wildwachsend vor. Er wird auch im Garten angebaut. Die Blätter haben einen angenehmen säuerlich-bitteren Geschmack. Kleingeschnitten gibt man sie zu Salaten, Suppen und Kräutersoßen. Spinatgemüse und Kartoffelsuppe bekommen durch Beigabe von Sauerampfer einen leicht säuerlichen Geschmack. Auch als vitaminreicher Belag zu Butterbrot ist er zu empfehlen, doch soll er wegen seines Oxalgehaltes nicht zu häufig gegessen werden. Vor Jahrhunderten galt Sauerampfer als wirksames Mittel gegen Skorbut. Er wurde für den Winter auf Vorrat genommen, gedünstet und, mit Fett übergossen, in Steintöpfen aufbewahrt.

Berühmt ist die französische Sauerampfersuppe, die mit guter Bouillon und einem kräftigen Schuß saurer Sahne bereitet wird. Der Name der Pflanze ist – wie man sagt – „doppeltgemoppelt": Ampfer bedeutet im Niederdeutschen ebenfalls „sauer".

Sauerampfer wirkt appetitanregend und „erwecket und bringet wiederum Lust zu essen".

Rezepte Nr. 5, 10, 20, 38, 95

Schalotte *Allium ascalonium*

Schalotten, auch Eschlauch oder Aschlauch genannt, sind besonders frühreife kleine Zwiebeln, die, gebündelt, mit grünem Lauch zum Verkauf gelangen. Unter einer braungelben äußeren Schale haben sie violette Hüllen. Sie schmecken milder und feiner als gewöhnliche Zwiebeln.

Man verwendet sie roh zu Käse und Quark, nimmt sie aber auch zu manchen Gerichten und zum Gurkeneinlegen.

Salbei　　　　Sellerie　　　　Senf

Schnittlauch *Allium schoenoprasum*

Schnittlauch ist ein weitverbreitetes Küchengewürz, ein Zwiebelgewächs, das in allen gemäßigten Zonen der Erde zu finden ist, wildwachsend und kultiviert. Seine dünnen röhrenförmigen Blätter haben einen hohen Gehalt an Vitamin C. Unsere Vorfahren, die von Vitaminen noch nichts wußten, aßen ihn, instinktiv richtig, als Mittel gegen Skorbut.

Wie die Italiener heute ihre berühmte „Salsa verde" bereiteten schon die alten Römer damit eine grüne Soße zu Eiern oder gekochtem Fleisch. Schnittlauch wird immer roh und kleingeschnitten an die fertige Speise gegeben. Man streut ihn aufs Butterbrot, gibt ihn zu Quark oder zu Salaten – statt der Zwiebelwürfel, die nicht jeder mag. Er paßt zu Eiern, Käse, Mayonnaise, Kräutersoßen und Gemüsesuppen.

Auch im Winter brauchen wir auf Schnittlauch nicht zu verzichten, er läßt sich bequem im Blumentopf ziehen.

Rezepte Nr. 1, 5, 19, 38, 41, 47, 48, 88, 91, 99

Sellerie *Apium graveolens*

Sellerie, auch Eppich genannt, ist eine in Europa heimische Gewürzpflanze. Wildwachsend kommt er in zwanzig Arten vor und hat einen stechend scharfen Geruch. Wilder Sellerie ist in der Küche nicht zu verwenden. Erst in Kultur genommen, hat er den aromatischen, süßlichen, angenehmen Geschmack erhalten, der ihn heute in jeder Küche willkommen macht. Drei Sorten Sellerie hat man gezüchtet: Knollensellerie mit großen wohlschmeckenden Wurzeln, Schnittsellerie mit würzigem grünem Kraut und Bleichsellerie, dessen zarte Stengel genauso wie Spargelstangen zubereitet und verspeist werden können. Man reicht sie mit Mayonnaise oder einer Senfmarinade.

Der Name Sellerie ist übrigens von einer einst griechischen Kolonistenstadt auf Sizilien abgeleitet: von Selinunt.

Die Römer bereiteten im ersten Jahrhundert Sellerie mit Pfeffer, Liebstöckel, Majoran, Zwiebel, Fischlake und Öl zu. Doch Sellerie diente zu jener Zeit noch anderen Zwecken: Die Sieger sportlicher Wettkämpfe wurden mit grünem Selleriekraut geschmückt. Sellerie wecke neue Lebenskraft, sagte man. Im Mittelalter erhoffte man vom Selleriegenuß Anregungen in Dingen der Liebe. Mehr als die Würzkraft in der Suppe hat dies dem Sellerie zu seinem Weltruf verholfen.

Sellerie wirkt appetitanregend und harntreibend, fördert die Nierentätigkeit. Saft, aus Kraut und Knollen gewonnen, empfiehlt man heute zu Schlankheitskuren. Nierenkranke sollen Sellerie meiden.

Frisch gehackte Sellerieblätter kann man wie Petersilie verwenden. Getrocknet und pulverisiert ist Sellerie in Brühwürfeln und Brühpasten enthalten. In Italien läßt man Sellerie auch in der Bratensoße mitdünsten, in Amerika mischt man ihn roh geraspelt oder kurz gedünstet unter viele Salate.

Sellerie paßt auch zu Schwarzbrot und Käse und als Würze in alkoholische Getränke. Selleriepunsch gilt als ein erlesener Trank. Selleriebowle, mit Zucker und Weißwein angemacht, stellen Kenner einer Ananasbowle gleich.

Rezept Nr. 75

Senf

Weißer Senf *Sinapis alba*

Schwarzer Senf *Brassica nigra*

Sinapis nannten ihn die alten Römer und sammelten Blätter und Früchte von dieser Pflanze für ihre Küche. Davon wurde unser Wort Senf abgeleitet.

Man unterscheidet zwei Arten: weißen und schwarzen Senf. Beide liefern Samenkörner, die einen retticartigen würzigen Geschmack haben und bis zu 30 Prozent Öl enthalten. Nur sind die einen gelb und mild, die andern dunkel und scharf. Für die Herstellung von Speisesenf werden bei uns beide Arten gemischt und gemahlen. Sie ergeben ein gelbes Pulver, sogenanntes Senfmehl, das sich ebenso wie ganze Körner als Würze zu verschiedenen Speisen verwenden läßt.

Was den Indern ihr Curry, das ist vielen Europäern der Speisesenf – eine ideale Gewürzmasse, ohne die viele Speisen einfach nicht zu denken sind. Man kennt diese Gewürzmischung in Hunderten von Varianten, unterschiedlich in Farbe und Geschmack – gelb, weiß, grün, mild, süß und besonders scharf –, je nach den verwendeten Zutaten, wie Senfmehl, Zucker, Pfeffer, Muskat, Meerrettich, Kurkuma und Essig.

In Frankreich hat das Senfmachen eine lange Tradition. Die Moutardiers, die Senfmacher, bildeten eine angesehene Zunft und verstanden sich auf die Kunst, sogar Trüffel-, Vanille- und Champagnersenf herzustellen.

Das erste Rezept stammte von dem Römer Columella, der im ersten Jahrhundert unserer Zeit lebte.

„Den sorgfältig gereinigten Samen läßt man zwei Stunden im Wasser aufweichen, nimmt ihn mit den Händen heraus, drückt ihn aus und stößt ihn dann in einem neuen, wohlgereinigten Mörser klein. Darauf zieht man die ganze zerriebene Masse in der Mitte des Mörsers zusammen, drückt sie fest, legt einige glühende Kohlen darauf, gießt mit Soda versetztes Wasser darüber, wodurch der bittere Geschmack beseitigt wird, gießt weißen scharfen Essig hinzu, rührt die Masse um und seiht sie durch. Die so gewonnene Flüssigkeit ist vorzüglich zum Einmachen der Rüben geeignet."

Im wesentlichen ist es bis heute bei diesem Rezept geblieben. Später nahm man zuweilen statt Essig Traubenmost – und neben dem Senf wurde ein neues Wort üblich: der Mostrich in Deutschland und der moutarde in Frankreich. Ärzte stritten sich über den Senf. Er mache magenkrank, meinten die einen – aber einen klaren Kopf, entgegneten die andern. Dieser Streit wurde bis heute nicht beendet. Tatsache ist, daß Senf, in Maßen genossen, die Verdauung fördert und zu fetten Speisen ausgezeichnet paßt.

Dabei ist es bis heute geblieben. Die Lebensmittelläden verkaufen jeden Tag Tausende Becher Senf. In einer großen Selbstbedienungsgaststätte werden wöchentlich bis zu sechs Zentner Senf aus den Töpfen gelöffelt. In einem Jahr liegen in der Hauptstadt der DDR neunhundert Tonnen der appetitlichen Würzmasse neben den Würsten und dem Eisbein auf den Tellern.

Man kann übrigens auch andere Speisen damit würzen. Erfahrene Köchinnen bestreichen die Rouladen vor dem Zusammenrollen oder ganze Fleischstücke vor dem Braten damit, und Senfsoße harmoniert ausgezeichnet mit gekochten Eiern und Fisch.

Senfkörner gehören zu Senfgurken, Essigfrüchten, Mixed Pickles und sauer eingelegtem Fisch. Man nimmt sie zum Beizen und Pökeln, vor allem aber als Wurstgewürz.

Senföl verwendet die kosmetische Industrie. In der Medizin aber kennt man von jeher die Wirkung von Wickeln, Pflastern und Einreibungen mit Senf, die Gelenkschmerzen und Rheumatismus lindern.

Rezepte Nr. 1, 27, 29, 31, 36, 37, 47, 61, 68, 71, 75, 84

Thymian *Thymus vulgaris*

In der französischen Küche bereitet man aus heißem Bier und frisch gepflückten, feingehackten Thymianblättern eine berühmte Suppe. Überhaupt verwendet man dort das Würzkraut mehr als bei uns. Thymian ist der Bruder des Majorans, von ebensolcher Wirkung, die fette Würste, Schweine- und Hammelfleisch bekömmlicher macht. Das Kraut hat ein durchdringendes Aroma und einen kräftigen beißenden Geschmack. Besonders gern wird Thymian zu Gerichten aus Hülsenfrüchten genommen. Auch für Würste, vor allem Blut- und Leberwurst, ist sein Aroma gerade richtig.

Die Skandinavier würzen ihren Käse damit, die Franzosen ihre Gemüsesuppen. Zu Hackbraten, Nieren und Leberknödeln paßt er ausgezeichnet. Meist wird er getrocknet verwendet, einige feingehackte frische Blättchen können aber auch an Salate gegeben werden. Mit Bohnenkraut zusammen kann Thymian Pfeffer ersetzen.

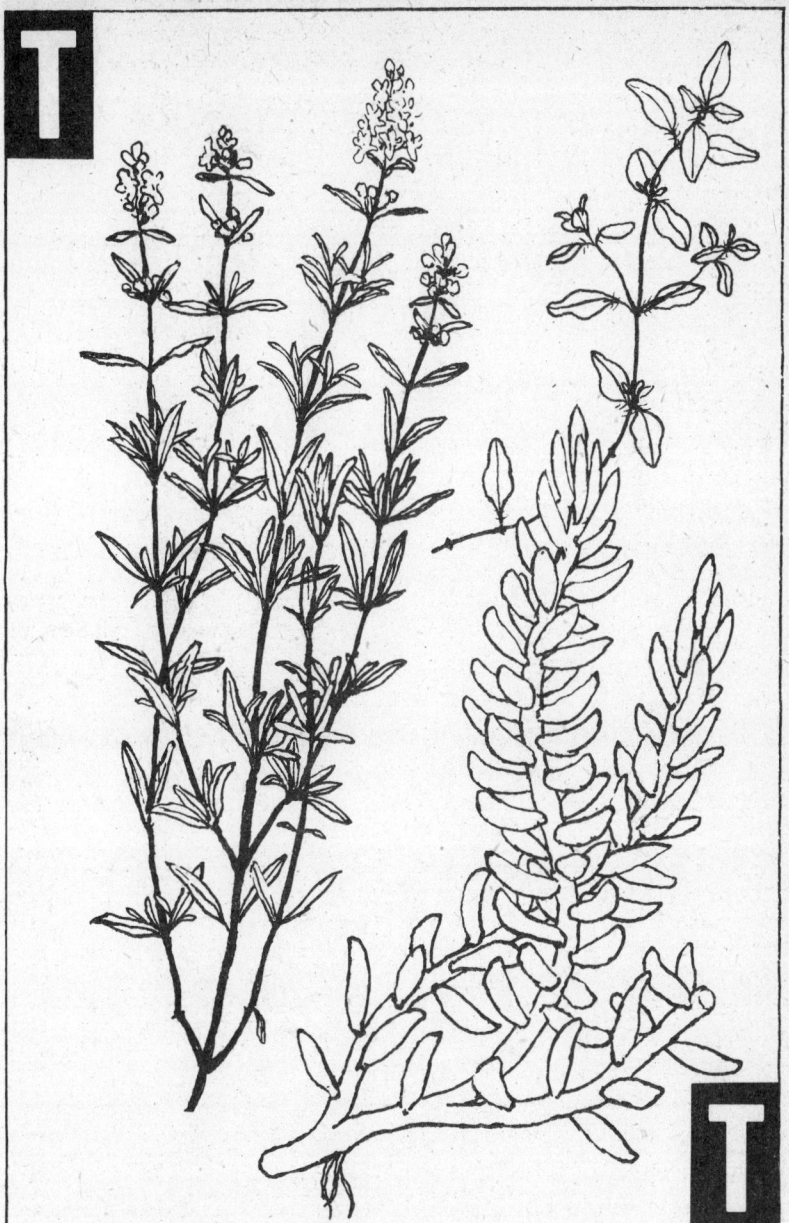

Thymian   Tripmadam   Quendel

Die alten Römer bereiteten sich mit Thymian ein duftendes Badewasser, rieben sich nach dem Bad mit Thymian ein. Und wenn sie erkältet waren, tranken sie ihn als Teeaufguß.

Rezepte Nr. 43, 44, 58, 60, 62, 67, 69, 74, 82, 93

Tripmadam *Sedum reflexum*

Ein Kraut mit mißverstandenem französischem Namen, eigentlich heißt es „Trique-madame". Es handelt sich um ein Fettblattgewächs, das oft an Mauern wächst, daher auch die häufige Bezeichnung Felsenmauerpfeffer. Es paßt gut in den Steingarten, kann aber auch auf dem Balkon gezogen werden. Als Würze nimmt man die bläuchlichgrünen fleischigen Blättchen und zarten Triebe ohne Knospenansatz.

Tripmadam ist mit dem Portulak verwandt, doch ihr Geschmack ist anders, unverwechselbar, leicht säuerlich. Mit ihr kann man den Eigengeschmack der Speisen abrunden. Tripmadam paßt, feingehackt, zu Salaten, Kräutersuppen und -soßen, zu zartem Gemüse und neuen Kartoffeln.

Trocknen lassen sich die fleischigen Blätter nicht.

Rezept Nr. 47

Vanille *Vanilla planifolia*

Spanische Landsknechte brachten die ersten duftenden Fruchtstangen aus Übersee mit. In den neuentdeckten Ländern hatten sie gesehen, wie die Azteken damit ihrem chokolatl aromatische Würze gaben.

Das war im Jahre 1519. Europa machte so erste Bekanntschaft mit dem vielleicht edelsten aller tropischen Gewürze.

Vainillia nannten es die Spanier – Schötchen.

Es handelt sich um die länglichen Schotenfrüchte einer tropischen Kletterpflanze, einer Orchidee. Sie werden kurz vor der Reife geerntet und getrocknet. Den feinen aromatischen Duft entwickeln sie erst nach einer speziellen Schwitzbehandlung. Die Schoten erhalten dann eine braunschwarze Farbe und überziehen sich mit weißglänzenden Kristallen, dem eigentlichen Duftstoff Vanillin. Er hat eine erregende, erhitzende Wirkung und darf nur in geringer Menge genossen werden.

Heute liefern Madagaskar und Réunion den größten Teil der Welternte an Vanille. Sie wird auch in anderen Tropenländern angebaut, doch das ist nicht so leicht, weil sich die gelben Blüten nur an einem einzigen Tag öffnen und in dieser Zeit mit der Hand bestäubt werden müssen.

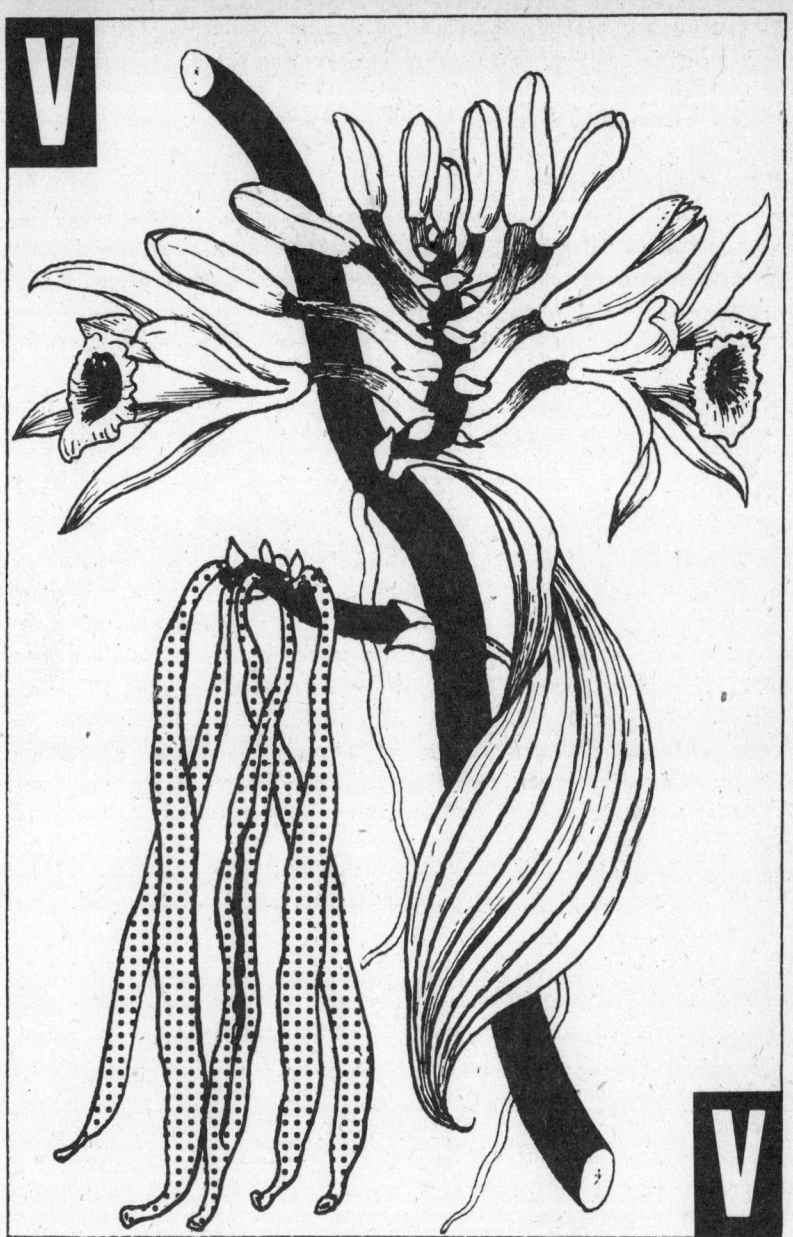

Vanille

Chemikern ist es gelungen, den Duftstoff Vanillin künstlich aus dem Bastmantel von Nadelhölzern zu gewinnen. Vanillinzucker wird heute häufiger im Haushalt verwendet als echte Vanille.

Vanille ist eine ideale Komponente zu allen Süßigkeiten, zu feinem Backwerk, Schokolade, Pudding, Eiscreme und Kompott. In Flüssigkeiten kocht man ein Stück Vanilleschote mit, entfernt es vor dem Anrichten der Speise (3–4 cm für $1/2$ Liter). Für Kuchenteig oder Schlagsahne schlitzt man die Schote auf und schabt das Fruchtmark mit den winzigen Samenkörnern heraus. Die leeren Hüllen lassen sich zum Auskochen oder Einlegen in die Zuckerbüchse noch verwenden.

Manche Liebhaber von Tee legen eine Vanilleschote mit in die Dose, um das Aroma zu verfeinern.

Rezepte Nr. 105, 107, 115, 118, 119

W

Wacholder *Juniper communis*

Vor einem Wacholderbeerbaum zogen früher manche Heidebauern den Hut, wie es hieß. Mit ihm waren sie verbündet. Er half ihnen, Unheil abzuwehren.

Solche Ehrerbietung hatte reale Gründe. Das Nadelgehölz aus der Familie der Zypressen war in alter Zeit so etwas wie eine grüne Apotheke. Wacholder, auch Machandel genannt, lieferte, ähnlich wie Wermut und Salbei, Heilmittel gegen Gicht, Rheuma, Blasenkatarrh und andere Krankheiten. Er lieferte den Wacholdersaft, eingedickt ein bewährtes Hausmittel bei Erkältungen. Und er lieferte den Frauen ein Gewürz für die Küche, das sie zum Einlegen von Sauerkraut, Gurken und roten Rüben verwenden konnten. Wacholderbeeren geben einem Hammelbraten, einem Eintopf aus weißen Bohnen und einer Beize für Wild die richtige Würze.

Auch zum Räuchern werden sie genommen.

Doch das ist noch nicht alles: Beim Schnapsbrennen geben sie einem hochprozentigen Getränk ein wundervolles Aroma, vollmundig und appetitanregend zugleich. Genever und Gin sind Wacholderschnäpse.

Bei dieser vielseitigen Verwendung ist es bis heute geblieben. Auch bei der hohen Wertschätzung. Wacholder steht unter strengem Naturschutz – mit Ausnahme der Beeren.

Beachten sollte man: In größeren Mengen genossen, kann Wacholder zu Nierenschäden führen.

Weinraute *siehe Raute*

Wacholder   Waldmeister (nicht verwenden!)   Wermut

Y

Ysop *Hyssopus officinalis*

Im neunten Jahrhundert brachten Mönche Ysop aus dem Orient und bauten den Halbstrauch mit den rosavioletten Blüten in Klostergärten an. Seine Blätter duften süßlich und schmecken schwach bitter, weil sie Gerbstoff enthalten. Ysop wird als Küchenwürze bei uns kaum noch, in der südeuropäischen Küche der Italiener und Griechen dagegen häufig verwendet. Einem Kalbsbraten gibt er würzige Strenge. Er paßt, frisch oder getrocknet, auch zu Suppen aus Bohnen und Kartoffeln, Fleischpasteten, Käse und Quark – doch stets in kleiner Menge. Rezepte Nr. 35, 47, 96

Z

Zimt *Cinnamomum (cassia und ceylanicum)*

Was kostet der ganze Zimt? So fragt manchmal noch heute einer, der zeigen will, daß er eine dicke Brieftasche besitzt. Die Redensart stammt sicherlich aus einer Zeit, als die Verschwendungssucht auch im maßlosen Zimtverbrauch ihren Ausdruck fand. Zimt war Standessymbol, sollte vom Wohlstand zeugen. „Erhebst du dich von einem Mahl nicht wie ein ganzer Apothekerladen, dann warst du bei einem Geizhals zu Gast", hieß es damals. Woher der Zimt kam, blieb sehr lange ein Geheimnis, das die Händler hüteten. Der Preis war entsprechend hoch. Bei den Römern galt ein Zimtröllchen als ein kostbares Geschenk.

Als die Portugiesen im Jahre 1505 nach Ceylon kamen, erfuhren sie, wie das wundervolle aromatische Gewürz gewonnen wird. Sie zwangen die Bewohner zu Tributzahlungen. Nach ihnen kamen die Holländer und taten dasselbe. Jeder Ceylonese über zwölf Jahre hatte jährlich 28 Kilogramm Zimtrinde abzuliefern, später immer mehr. Solche Zimtsteuer wurde mit Gewalt eingetrieben. Und zur gleichen Zeit verbrannte man in Amsterdam ganze Berge von Zimt, sobald der Absatz stockte.

Was wir als Zimt kennen, ist die aromatisch riechende innere Rinde eines tropischen Lorbeerbaumes – genauer: der Bast zwischen Baum und Borke.

Sie wird nach der Regenzeit abgeschält und getrocknet, wobei sich der dünne Bast zusammenrollt und kleine Röhrchen bildet. Daher auch der bisweilen übliche Name Kaneel, denn die Portugiesen nennen ein Röhrchen „canella".

Im Handel kennt man auch einen Cassiazimt oder kurz Kassia genannt. Er kommt aus den südlichen Bezirken Chinas und steht in der Qualität dem Zimt aus Ceylon nur wenig nach. Im Handel sind heute beide Sorten.

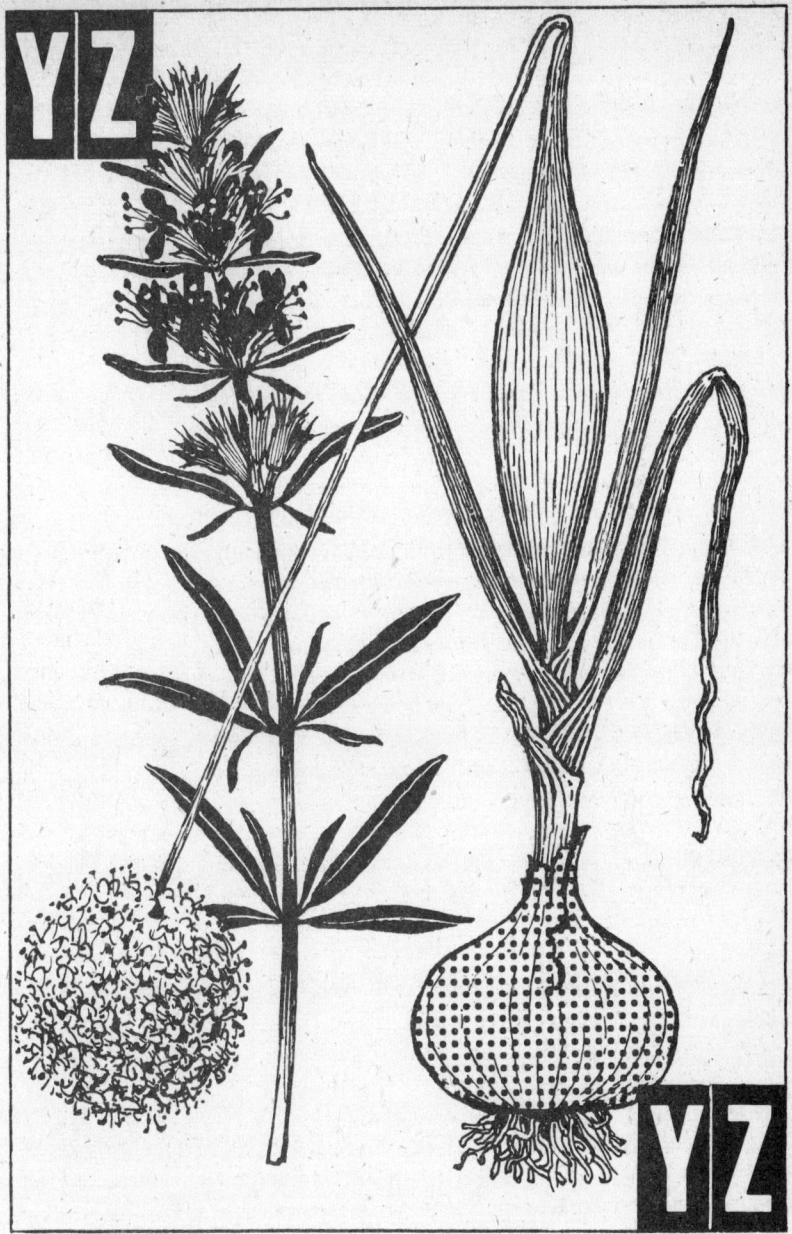

Ysop   Zwiebel

Hausfrauen verwenden Zimtpulver, aber auch Zimtrinde. Sie würzen damit Milch- und Mehlspeisen, Soßen, Kompott und Kuchen. In kleinen Prisen geben es manche auch an einen Hammel- oder Gänsebraten. Apfel- und Pflaumenmus, auch Bratäpfel, die man im Winter in der Ofenröhre bäckt, Obstsuppen, Glühwein und Punsch und das dazugehörige Gebäck – alles bekommt durch Zimt das „gewisse Etwas" im Wohlgeschmack. Sogar der Bohnenkaffee, wie manche Kaffeeliebhaber behaupten. Denn: „Streut darüber Zucker und Zimt, und es mundet euch bestimmt", sagt ein Schweizer Spruch. In geringer Menge wirkt Zimt anregend auf die Magennerven – aber auch nur in geringer Menge.

Rezepte Nr. 105, 109, 112, 114, 119, 120, 122

Zitrone *Citrus media*

Aus Südasien brachten Araber im zehnten Jahrhundert die ersten reifen Früchte ins Mittelmeergebiet. Limun nannten sie sie. Als später die Italiener es ihnen nachmachten, nannten diese den Trank eine Limonata und die Frucht eine Limone. Unser Name Zitrone geht auf die Kreuzfahrer zurück, die die neue Frucht mit der des Zedratbaumes verwechselt hatten.

Die Nachfrage nach Zitronen wuchs, als man entdeckte, daß Zitronensaft in den Küchen statt Essig verwendet werden kann, dabei ein wirksames Mittel gegen Skorbut ist, und daß die aromatisch duftende Schale, gerieben oder getrocknet, ein herrliches Gewürz für Backwaren aller Art abgibt.

Grießspeisen, Obstsalate und Reis, Aufläufe, Tee und Punsch – alles kann mit Zitrone gewürzt werden. Es dürfte heute schwerfallen, eine Küche zu finden, in der man keine Zitrone verwendet. Die Schale von gespritzten bzw. chemisch behandelten Früchten sollte nicht verwendet werden.

Zitronen geben mehr Saft, wenn man sie vor dem Anschneiden in warmes Wasser legt oder mit der flachen Hand auf dem Tisch hin und her rollt. Angeschnittene Zitronen rasch verbrauchen, der Vitamingehalt verringert sich.

Rezepte Nr. 62, 68, 70, 81, 108 u. a.

Zucker

Im Jahre 327 v. u. Z. berichteten zwei Feldherren Alexander des Großen, daß in Indien aus Schilf Honig bereitet würde – ohne Bienen. Der Anbau des süßen Grases wurde bald auch in Arabien und Ägypten betrieben. Später brachten Spanier das süße Gras nach Kuba.

„Der Zucker ist durch die Läden der Apotheker in die Welt getreten", schrieb Brillat-Savarin. Tatsächlich hat er in der Pharmazie eine bedeutende Rolle gespielt. Lange galt er als schädlich. Er sollte den Blutdruck erhöhen und den Schlaganfall begünstigen.

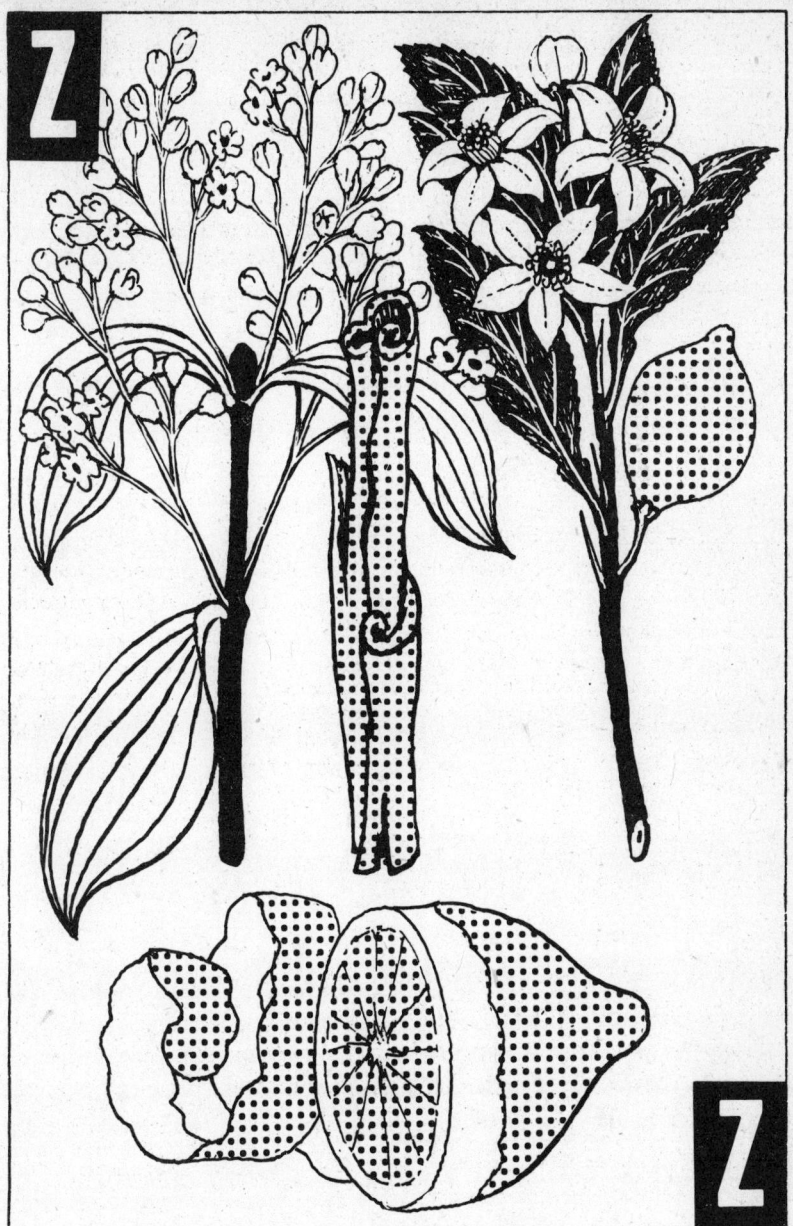

Zimt   Zitrone

Der Siegeszug war nicht aufzuhalten. Vor allem, als es statt des teuren Rohrzuckers eigenen, heimischen Rübenzucker gab. Das war vor 180 Jahren. Ohne Zucker ist unsere Ernährung unvorstellbar geworden. Zucker ist eines der meist verwendeten Nahrungsmittel. Ist er auch ein Würzmittel? Auch das, denn er lockt aus vielen Speisen, vor allem aus Früchten und Obst, erst das Aroma hervor.

Kaffee und Soßen werden durch winzige Prisen gebrannten Zuckers sämig und vollmundig. Scharfen und sauren Gerichten nimmt man durch einen kleinen Zusatz von Zucker den beißenden Geschmack. Über das Süßen von Kaffee und Tee läßt sich streiten. Wo aber blieben die Liköre, wenn es keinen Zucker gäbe? Rezepte Nr. 107, 113, 117 u. a.

Zwiebel *Allium cepa*

Im Kaukasus wurde der Kolchosbauer Nasar Alamow 136 Jahre alt. Er hatte sein Leben lang jeden Tag eine Suppe aus vier Zwiebeln gegessen. Auch in anderen Ländern des Ostens hatten Menschen, die ein hohes Alter erreichten, vor dem Schlafengehen regelmäßig eine Zwiebel verspeist.

Die Zwiebel ist ein gesundes Gemüse, ganz ohne Zweifel. Aber ist sie auch ein Gewürz? Die Antwort muß lauten: Sie ist beides – Gemüse und Gewürz. Nahrungsmittel und Genußmittel zugleich.

Im alten Babylon war neben dem Brot die Zwiebel die Grundlage der Ernährung, in Ägypten wurden die Fleischtöpfe damit gewürzt, auch in Rom pries Lucullus ihre Vorzüge. Cepa nannten die Lateiner das Gewächs. Daraus wurde im Laufe der Zeit eine ceapula und schießlich eine Zwiebel. Durch Züchtung entstanden viele Sorten, von ganz scharfen, die Tränen verursachen, bis zu ganz milden, die man wie einen Apfel verzehren kann. Dazu Perlzwiebeln und Schalotten, die man in Essig einlegt oder frisch mit dem Lauch verwendet. Die Abneigung gegen Zwiebelduft hat sich längst gegeben, seitdem auch der Knoblauch mehr als früher verwendet wird. Zwiebel ist nicht mehr wie im Mittelalter die „Nahrung armer Leute".

Roh gehackt oder gerieben oder in Ringe geschnitten, gebraten oder gekocht, gehört sie fast zu allen unseren Speisen. Zwiebeln erhöhen, wie sowjetische Ärzte festgestellt haben, die Fähigkeit des Blutes, gefährliche Blutpfropfen aufzulösen. Zwiebelsaft hilft bei Erkältung und wirkt gegen Arteriosklerose und Gefäßverengung. Außerdem senkt er den Blutdruck. Die neuere Forschung bestätigt manche Regeln alter Hausmedizin. Dazu kommen neue Erkenntnisse: Zwiebeln senken auch den Zuckergehalt des Blutes und eignen sich daher als Kost für Zuckerkranke. Auch ihr Gehalt an Vitamin C ist nicht zu unterschätzen. Rezepte Nr. 17, 28, 43, 46, 53, 56, 64, 73 u. a.

Streugewürze zur Selbstbedienung

Indische Hausfrauen stellen sich jeden Tag aus zehn bis zwanzig verschiedenen Gewürzen eine Mischung her, die zu der jeweiligen Speise paßt. Sie können es ebenso machen. Sie können es aber auch einfacher haben und fertige Streugewürze verwenden. Sie sind nach bewährten Rezepten angefertigt– manchmal aus Gewürzen, die zu beschaffen und aufeinander abzustimmen einer Hausfrau gar nicht so leicht möglich ist. Im Handel werden sie in gut schließenden Streugläsern angeboten mit drei verschiedenfarbigen Etiketts: rote für kochsalzarme Mischungen, blaue mit über 50 Prozent Kochsalzgehalt und orangefarbene für kochsalzfreie Diätgewürzmischungen.

Bratensoßengewürz: eine Mischung aus Pfeffer, Lorbeer, Piment, Majoran, Kümmel, Bohnenkraut, Zwiebelpulver, Paprika, Knoblauchpulver, 20 Prozent Salz
als Grundgewürz für sämtliche Soßen, für Braten und kurzgebratenes Fleisch
Brühsuppengewürz: eine Mischung aus Koriander, Kümmel, Basilikum, Bohnenkraut, Petersilie
für klare Brühen mit oder ohne Einlagen sowie für Brühnudeln, Brühreis und Kartoffelsuppen
Chilliesgewürz, Cayennepfeffer: ein Gewürz von ganz besonderer Schärfe, ist vorsichtig anzuwenden
Fischgewürz: eine Mischung aus Basilikum, Salbei, Majoran, Macis, Rosmarin, Thymian, Lorbeer, Nelken, Zitronensäure, Melisse, Glutal, Zwiebelpulver, Bohnenkraut, Knoblauchpulver, Sellerie, Kurkuma, Petersilie, Salz
für Fischgerichte, zum Würzen von Fischsud und Fischhackmasse
Fischmariniergewürz: eine Gewürz- und Kräutermischung ohne Salz mit Zitronengeschmack zum Bestreuen der Fische vor der Zubereitung
Geflügelgewürz: ein Grundgewürz für Geflügelgerichte jeglicher Art, für Suppen, Ragouts und Frikassees, für Braten- und Grillgeflügel
Gemüseeintopfgewürz: eine Mischung aus Koriander, Kümmel, Basilikum, Bohnenkraut, Petersilie, Liebstöckel, Zwiebelpulver, Pfeffer, Piment, Glutal
für klare und gebundene Gemüsevorsuppen, für sämtliche Gemüseeintöpfe und Gemüsebeilagen
Gewürzsalz: zum Nachwürzen von Gerichten, besonders für Frischkostsalate
Gulasch(suppen)gewürz: eine Mischung aus Knoblauchpulver, Majoran, Kümmel, Paprika, Zitronensäure, Glutal, Zucker, Pfeffer, Thymian
für ungarische Gerichte (Suppen, Soßen, Fleischgerichte)

Hackepetergewürz: für Hackepeter, Gehacktes und Schabefleisch (ohne Zwiebel)

Hackfleischgewürz: für Hackfleischmassen (Koch- und Bratklopse sowie Hackbraten)

Hammelbratengewürz: zum Einreiben des Fleischstückes vor dem Braten

Knoblauchsalz: speziell für Fleischgerichte wie Hammel- und Gulaschgerichte zur allgemeinen geschmacklichen Abrundung, ohne den Knoblauchgeschmack hervortreten zu lassen

Kräuterquarkgewürz: zum Abschmecken von Speisequark

Kräutersalz: zum Nachwürzen von Gerichten

Ochsenschwanzsuppengewürz: speziell für Ochsenschwanzsuppen und Ochsenschwanzragouts

Pastetengewürz: eine Mischung aus Basilikum, Pfeffer, Nelken, Lorbeer, Thymian, Macis, Salbei
zum Würzen von feinen Leber- und Fleischpasteten

Rinderbratengewürz: zum Einreiben von Fleischstücken vor dem Braten

Salatmarinadengewürz: eine Gewürzmischung aus Pfeffer, Zwiebelpulver, Zucker, Zitronensäure, Knoblauchpulver, Petersilie, Melisse, Liebstöckel, Glutal, Salz, Sellerie, Kurkuma
zur Bereitung von Salatfonds für Frischkostsalate und Salatmayonnaise

Schaschlykgewürz: speziell für Schaschlyk

Selleriesalz: zum Nachwürzen

Soljankagewürz: speziell für die russische Soljanka, sie erhält dadurch einen herzhaften Geschmack

Universalgewürz „Delikat": enthält Glutal, Zwiebelpulver, Knoblauchpulver, Zitronensäure, Kurkuma, Selleriesalz
zum Nachwürzen

Wildgewürz: eine spezielle Mischung als Grundlage für Wildgerichte jeglicher Art, Suppen, Ragouts, Gulascharten und Soßen sowie zum Einlegen von Wildfleisch

Zwiebelsalz

2 Schonkostgewürze: ein allgemeines und ein spezielles für Magensäuremangel

Würzen mit Soßen

Mit der immer größer werdenden Zahl halbfertiger Gerichte aus der Tiefkühltruhe, die der Hausfrau die Küchenarbeit erleichtern, ist auch das Angebot an Würzsoßen reichhaltiger geworden.

Es gibt fertige Soßen in verschiedenen Geschmacksnuancen für Fleisch, Fisch und Gemüse.

Wenn die Zeit knapp ist oder auch Abwechslung in dem eigenen Magenfahrplan gewünscht wird, soll man nach einer solchen fertigen Soße greifen. Man kann davon etwas als Gewürz zum eigenen, schon fertigen Gericht nehmen. Man kann auch die eine oder andere Soße miteinander mischen und noch andere Gewürze oder Kräuter hinzufügen. Der Phantasie sind da keine Grenzen gesetzt.

Nur ein Gebot gibt es, das man einhalten muß: Fertige Soßen sollen, wenn sie zu gebratenem Fleisch oder geschmortem Gemüse auf den Tisch kommen, deren Eigengeschmack nicht zudecken, sondern nur ergänzen.

Picnicsauce
enthält neben ausgewählten Gewürzen Tomatenextrakt, Zitronensaft, Malzextrakt, Dessertwein. Man gibt einige Tropfen davon zu Aufschnitt, heißen und kalten Speisen, Steaks, Fisch, Käse und an Suppen.

Sauce Béarnaise Reduktion
enthält Zitronensaft, Traubenwein und besten Fleischextrakt. Sie dient in erster Linie zur Bereitung einer Sauce Béarnaise und eignet sich außerdem zum Abschmecken von Frikassees, Fisch- und Blumenkohlsoßen. Sie kann auch zu Salaten aller Art verwendet werden, zu gegrilltem Fleisch oder Fisch, zu Suppen und Steaks.

Peppersauce
wird aus Chilliesschoten bereitet. Sie ist sehr scharf und ergiebig. Empfehlenswert für Fleisch- und Fischgerichte, Eier, Käse, Salate und Cocktails.

Worcestersauce
ist eine nach überliefertem Rezept hergestellte würzige Soße, zu deren Herstellung neben vielen in- und ausländischen Gewürzen Tamarinde, Champignonauszug, Zitronensaft und Dessertwein verwendet werden. Fleisch-, Fisch- und Käsesalate, mit oder ohne Mayonnaise, erhalten durch einige Spritzer Worce-

stersauce eine pikante Note, ebenso Käsewürzbissen, Kräuter- und Anschovis-
butter, Ragouts, Steaks und Schaschlyk.

Cumberlandsauce

wird aus dem Saft von Orangen und Zitronen, Fleischauszügen, Johannisbeerge-
lee, exotischen Gewürzen und Oliven hergestellt. Sie verfeinert Wildgerichte,
kalten Braten und Geflügel.

Flüssig-Gewürze

gibt es in kleinen Flaschen zu 56 g Inhalt in 13 Geschmacksrichtungen. Sie die-
nen zur geschmacklichen Abrundung nach dem Kochen und zur individuellen
Verfeinerung bei Tisch. Wenige Tropfen genügen. Hier einige Vorschläge zum
Gebrauch der Gewürze:

Champignon: Frikassees, Ragouts
Curry: Reisgerichte
Dill: helle Soßen zu Fisch
Kräuter: Eintöpfe
Kümmel: Suppen, Gulasch
Madeira: Soßen mit Weingeschmack
Muskat: Gemüse, Suppen

Paprika: Suppen, Gulasch
Pfeffer: Fleischgerichte, Salate
Pilz: Ragouts, Eintöpfe, Soßen
Sellerie: Fleischbrühen
Zitrone: Salate, helle Soßen
Zwiebel: Eintöpfe, Soßen

Mayonnaise

wird aus Speiseöl, Eigelb, Gewürzessig, Salz und gegebenenfalls Zitronensaft
hergestellt. Mayonnaise paßt zu Salaten, Eiern, kaltem Fleisch und Fisch.

Energiereduzierte Remouladen

Anstelle von Mayonnaise (3 389 kJ) sind zu empfehlen:
Salat-Creme (1 508 kJ) für Rohkostsalate
Salat-Sauce (1 470 kJ) für Salate mit Tomaten und Eiern, für Kartoffel- oder
Mischsalate
Sauce Tatar (1 327 kJ) zu Fleisch, Fisch und Gemüse
Meerrettich-Sauce (1 482 kJ) zu Fisch, Braten, Wurst, Fleischsalat

Was sonst noch würzt

Auf das gewisse Etwas kommt es beim Würzen an. Das muß nicht immer ein klassisches Gewürz und nicht immer in Maß und Gewicht faßbar sein. Es ist ein Unterschied, ob man Schaschlyk am Spieß über einem offenen Feuer aus Holzkohle oder Birkenscheiten zubereitet. Das Fleisch nimmt den Rauch an.

Es macht auch viel aus, ob man über ein Gericht noch einen Schuß Rotwein und etwas geriebenen Käse gibt – oder nicht.

Nicht nur Gewürze würzen. Es gibt auch noch andere Mittel, aber die muß man kennen. Dafür einige Beispiele.

Käse

In der italienischen Küche gilt geriebener Hartkäse als Universalgewürz. Er gehört immer zu einem Spaghettigericht. Den härtesten Käse produziert man in der Schweiz; er muß mit einer Axt gespalten werden.

Wein

In Weinbaugebieten kocht und würzt man damit von jeher. Herber Weißwein paßt zu hellen gebundenen Suppen, Frikassees, gedünsteten Nieren, Geflügel und gedünstetem Fisch. Rotwein eignet sich gut für Bratensoßen, dunkle Suppen, Gulasch und Wildgerichte.

Spirituosen

Eine Kognakflasche ist in einer französischen Küche nichts Ungewöhnliches. Auch bei uns sollte man immer wenigstens einen Rest Weinbrand im Kühlschrank aufbewahren. Zu Obstsalat und manchen Soßen gibt man einen kleinen Schuß und erzielt überraschende Wirkungen. Rum oder auch Rumaroma nimmt man schon immer besonders gern zum Backen. Überhaupt sind aromatische Branntweine und Pflaumen- oder Aprikosenschnäpse eine interessante, vielseitige Würze. Dazu kommen noch diverse Liköre, wie Pfefferminzlikör (für Milchmischgetränke) oder Eierlikör (für Obstsalate und Süßspeisen).

Zitronat und Orangeat

Zitronat wird aus der dicken Schale der saftarmen, unreif geernteten Zedratzitrone, die mit der Pampelmuse verwandt ist, gewonnen. Orangeat stellt man aus Pomeranzen her. Verwendet werden sie ausschließlich als Backgewürz.

Hefeextrakt

ist eine braune Paste, die durch Aufschließung der Hefe hergestellt wird. Der Geschmack ist würzig und paßt zu Suppen, Soßen und Ragouts, pikanten Aufläufen und gemischten Salaten aus Fleisch und Fisch mit Anteilen von Gemüse oder Teigwaren. Hefe hat einen hohen Gehalt an Wirkstoffen des Vitamin-B-Komplexes und an Vitamin E.

Fleischextrakt

ist ein Produkt, der aus knochen- und fettfreiem Ochsenfleisch gewonnen wird. Aus 25 bis 40 kg Fleisch erhält man 1 kg Extrakt. Erstmalig war 1865 Justus von Liebig die Gewinnung von Fleischextrakt gelungen. Das Konzentrat hat geschmacksverbessernde Eigenschaften. Man verfeinert damit Suppen und Soßen.

Flüssiger Fleischextrakt wird nicht so stark eingedickt, enthält noch 60 Prozent Wasser und ist mit Suppenkräutern und Salz vermischt. Er ist lange haltbar.

Suppenwürze

zeichnet sich durch einen hohen Gehalt an Aminosäuren aus, die Träger des fleischbrühartigen Geschmacks sind. Sie ist aus Fleischmehl, Getreidekleber, Kasein, Knochenbrühextrakt und Gewürzzusätzen hergestellt. Suppenwürze macht Speisen kräftiger im Geschmack. Der Eiweißgehalt enspricht dem von Fleisch. Sie ist ebenfalls lange haltbar.

Brühpaste

Bei der Herstellung ist Würzpaste, die durch Konzentration der Speisewürze im Vakuumverdampfer gewonnen wird, das Ausgangsprodukt. Brühpaste wird in Knetmühlen aus Würzpaste, Kochsalz, tierischen und pflanzlichen Fetten, Gemüse- und Kräuterauszügen sowie Gewürzen in verschiedenen Mischungen hergestellt. Sie ist für Speisen aller Art geeignet. Der Geschmack fleischloser oder fleischarmer Speisen wird abgerundet. Mit Wasser aufgegossen, erhält man eine Brühe, die im Nährwert und Geschmack echter Fleischbrühe gleichzusetzen ist. Gut verschlossen hält sich Brühpaste ebenfalls sehr lange.

Brühwürfel

Bei der Herstellung von Brühwürfeln schließt sich an das zuvor beschriebene Verfahren noch ein Trocknungsprozeß an. Danach werden die Würfel gepreßt.

Gekörnte Brühe

Hierbei handelt es sich um die getrocknete, ungepreßte Masse.

Tomatenmark

ist das eingedickte Fruchtmark der Tomate. In der Küche kann es vielseitig verwendet werden: zu Suppen, Soßen, Fleisch und Fisch.

Tomatenketchup

ist Tomatenmark mit würzenden Zutaten, wie Pfeffer, Muskat, Nelken, Weinessig, Zwiebel. Es ist als fertige Soße zu kaltem Braten, Grillwürsten, gebackenem Fisch, Ragouts, Pasteten, gekochten Eiern und Teigwaren geeignet.

Pritamin

ist eingedicktes Paprikamark mit einem hohen Gehalt an Vitamin C und anderen Wirkstoffen. Es kann warm oder kalt verwendet werden, zu Fleischgerichten, Reis, Teigwaren, Suppen, Soßen und mit Butter, Quark oder Käse gemischt als Brotbelag.

REZEPTE

Wenn nicht besonders vermerkt,
sind alle folgenden Rezepte für 4 Personen berechnet.

Soßen

1 Grüne Soße

Schnittlauch, Petersilie, Borretsch, Pimpinelle, Dill, Melisse, Estragon, Gartenkresse und Kerbel, zusammen etwa 200 g, werden entstielt, gewaschen und fein gehackt. In eine Schüssel gießt man 2 Flaschen dicke saure Sahne, würzt sie mit etwas Zitronensaft, je 1 Messerspitze Zucker, Salz, Pfeffer und Senf, drückt 4 hartgekochte Eier durch ein Sieb und rührt alles glatt. Zum Schluß werden die Kräuter untergerührt. Die Soße muß ziemlich dick, aber noch flüssig sein. 4 Eier werden nicht ganz hart gekocht, halbiert und auf die Soße gelegt. Als Garnierung kann man einige Kräuterblättchen als Sträußchen in die Mitte der Schüssel stecken. Dann wird die Soße in den Kühlschrank gestellt und eiskalt zu heißen, geschälten Pellkartoffeln serviert, die man in die Soße „stippt".

Von der grünen Soße gibt es eine Reihe Varianten: Man läßt das umständliche Durchdrücken der Eier weg, senkt die Nahrungsenergie durch Austausch einer Flasche Sahne mit einer Flasche Joghurt, erhöht den Anteil an Schnittlauch, und wenn das eine oder andere Kräutchen fehlt, so ist das auch nicht schlimm. Eine Variante dieser grünen Soße:

2 Joghurtsoße

¼ l dicke saure Sahne, 1 Flasche Joghurt, 1 Becher Mayonnaise, 1 hartgekochtes Ei zum Durchdrücken, etwas Zitronensaft, je 1 Messerspitze Zucker, Salz, Pfeffer und Senf, 5 Eßl. Kräuter und je Person 2 nicht ganz hart gekochte, halbierte Eier.

Soßen eignen sich überhaupt sehr gut zur Aufnahme von frischen Kräutern und sind vielseitig verwendbar: zu gekochtem Fleisch, Fisch, Kartoffeln, Reis, Teigwaren, Eiern und Fleischklößchen.

3 Helle·Soße

40 g Butter oder Margarine erhitzen, 40 g Mehl darin hellgelb anrösten und unter Rühren ½ l möglichst kalte Flüssigkeit (Fleischbrühe, Fischsud, halb Milch, halb Wasser) zugießen.

Kräutersoßen

Grundrezept wie bei heller Soße und 2 bis 3 Eßlöffel feingehackte frische Kräuter zugeben, zum Beispiel:

4

Kerbel, Dill, Borretsch, Pimpinelle, Melisse oder

5

Sauerampfer, Kresse, Kerbel, Schnittlauch oder

6

Petersilie, Kerbel, ganz wenig Liebstöckel oder

7

Dill oder Petersilie

Die jeweilige Soße mit Salz und Pfeffer abschmecken, ein wenig Zitronensaft zufügen und mit einem Eigelb oder mit Sahne verfeinern.

8 Tomaten in Dillsoße

Mittelgroße feste Tomaten mit heißem Wasser überbrühen, die Häute abziehen und kräftig mit Salz und Pfeffer würzen. Dillsoße zubereiten und die Tomaten darin ziehen lassen. Am besten geeignet ist dazu eine feuerfeste Form, in der das Gericht gleich serviert werden kann. Die Tomaten dürfen nicht zerfallen. Dazu paßt körnig gekochter Reis.

Dillsoße schmeckt auch ausgezeichnet zu gekochtem Hammel-, Kalb- oder Rindfleisch und gekochtem See- und Süßwasserfisch.

9 Süßsaure Dillsoße

Die Schweden und Dänen lieben die Dillsoße mit einem süßsauren Geschmack. Wenn Sie's probieren wollen, geben Sie je 1 bis 1 1/2 Eßlöffel Essig und Zucker dazu.

10 Sauerampfersoße

50 g Sauerampferblätter waschen, 2/3 davon in 40 g Margarine einige Minuten dünsten. 40 g Mehl unterrühren, 1/2 l Brühe oder halb Wasser, halb Milch zugießen, mit 1 Prise Muskatnuß würzen und aufkochen lassen. Zum Schluß die restlichen gehackten frischen Sauerampferblätter zugeben und die Soße mit 1 Eigelb abziehen. Mit gekochtem Rindfleisch oder weichgekochten Eiern und Kartoffeln servieren.

11 Gebratene Eier in Sauerampfersoße

Hartgekochte, geschälte Eier längs halbieren, in Ei – mit gehackter Petersilie vermischt – und geriebener Semmel panieren und in Fett braten. Zu Sauerampfersoße reichen.

12 Currysoße

In 40 g Margarine eine feingehackte kleine Zwiebel anrösten, 1 Eßlöffel Currypulver unterrühren, 40 g Mehl zugeben, mit $1/2$ l Brühe (es kann auch halb Brühe, halb Milch sein) löschen und aufkochen lassen. Mit 1 Eßlöffel Zitronensaft oder einem geriebenen säuerlichen Apfel, 1 Messerspitze Ingwer, Salz, Pfeffer und einer Prise Zucker abschmecken. Nach Belieben mit 2 Eßlöffel Sahne verfeinern. Currysoße paßt zu Eiern, Fisch, Fleisch und eignet sich bestens zur Resteverwertung. Als Beilagen können körnig gekochter Reis und verschieden zubereitete Blattsalate oder passende Frischkostsalate serviert werden.

13 Eier in Currysoße

Je Person 1 bis 2 weichgekochte Eier einlegen.

14 Fisch in Currysoße

800 g Fischfilet in Würfel schneiden, mit Zitronensaft beträufeln und salzen. Im eigenen Saft 15 Minuten dünsten und 10 Minuten in der Currysoße ziehen lassen.

15 Karpfen in Currysoße

Den Karpfen schuppen, waschen und in Portionsstücke zerlegen. Knapp mit siedendem Salzwasser bedecken, $1/2$ Bund Petersilie zufügen und den Karpfen auf schwachem Feuer gar dünsten. Zur Currysoße den Fischsud verwenden.

16 Huhn in Currysoße

Von einem gegrillten, gebratenen oder gekochten Huhn das Fleisch von den Knochen lösen, in Streifen, Würfel oder Stücke schneiden und in der Soße kurz ziehen lassen.

17 Zwiebelsoße

2 gehackte Zwiebeln in 40 g Fett glasig dünsten, $1/4$ l heiße Brühe zugießen und 15 Min. kochen. 30 g Mehl in $1/4$ l Milch verquirlen, die Soße binden und 10 Min. kochen. Dann passieren, mit Salz, Pfeffer und nach Belieben mit Essig und Zucker würzen und mit 1 Eigelb legieren. Zu gekochtem Fleisch oder Fisch reichen.

Salate

18 Salatsoße auf Vorrat

Es lohnt sich, eine Salatsoße auf Vorrat herzustellen, man spart Zeit bei der Zubereitung des Salates. Wir nehmen Öl und Essig im Verhältnis 3 : 1, Salz und Pfeffer nach Geschmack. Vor Gebrauch gut schütteln! Wichtig ist außerdem, daß die Salatblätter trocken sind, um so besser nehmen sie die Marinade an. Ein Salat darf nie „schwimmen".

19 Löwenzahnsalat

Er ist nicht nur gesund, sondern auch eine Delikatesse. Am besten schmecken die ganz zarten Blättchen. Man schneidet sie dicht an der Wurzel ab, wäscht sie mehrmals und läßt sie gut abtropfen. Sie werden 2- bis 3mal durchgeschnitten und mit der Vorratssalatsoße durchmengt. Je 1 Teelöffel feingehackten Schnittlauch und Kerbel darüberstreuen. – Auch jungen zarten Spinat kann man so anrichten.

20 Bunter Blattsalat

Vorratssalatsoße mit etwas Senf, 1 Prise Zucker und Paprika kräftig abschmecken. 2 Eßlöffel feingeschnittene Kräuter (Melisse-, Estragon-, Kerbel- oder Fenchelblättchen) unter die Salatsoße rühren. Einen kleinen Kopfsalat zerpflücken, eine Handvoll Sauerampferblätter grob zerkleinern und 2 gehäufte Eßlöffel Portulakblättchen beifügen. 2 bis 4 hartgekochte Eier in Scheiben und 1/2 gegrillten Goldbroiler oder gekochtes Hühnerfleisch in nicht zu kleine Stücke schneiden. Erst das Fleisch mit der Salatsoße vermischen, kurz durchziehen lassen, dann Salat, Sauerampfer, Portulak und die Eischeiben leicht unterheben.

21 Salat con Carne

1 kleine Zwiebel fein hacken, in Fett goldgelb rösten, 250 g Schabefleisch zugeben, durchbraten, mit 1/2 bis 1 Eßlöffel Bratensoßengewürz und einigen Spritzern Peppersauce abschmecken, 1/2 Tasse Wasser zugießen und das Fleisch 10 Minuten unter ständigem Rühren dünsten. 1/2 Eßlöffel Stärkemehl in 1 Eßlöffel kaltem Wasser auflösen, unter das Fleisch rühren und aufkochen lassen.

1 kleinen Salatkopf in mundgerechte Stücke zupfen, 1 entkernte Paprikafrucht in dünne Streifen, 1 kleine Zwiebel in feine Ringe und 1 Tomate in Achtel schneiden. Das gewaschene Gemüse muß vor dem Zerkleinern trocken sein.

Den Salat mit 1/2 Tasse geriebenem scharfem Käse bestreuen und das Fleisch in der Mitte anrichten.

22 Jerewaner Salat

1 kleine geschälte grüne Gurke, 3 Tomaten, 1 Paprikafrucht ohne Kerngehäuse sowie 1 geschälte Zwiebel in feine Scheiben oder Ringe schneiden, in einer Salatschüssel übereinanderschichten. Die einzelnen Lagen mit Salz und Pfeffer bestreuen. Den Salat mit Essig bespritzen und feingehackte Kräuter (Korianderblättchen, Basilikum oder Petersilie) darüberstreuen.

23 Portulaksalat

200 g Portulak waschen, in kochendes Salzwasser legen, aufkochen, auf einem Sieb abtropfen und erkalten lassen. Mit Essig, 1 feingeschnittenen Knoblauchzehe, feingehackter Petersilie und Korianderblättchen würzen.
Diese beiden armenischen Salate werden ohne Öl zubereitet. Sie sind gut für die schlanke Linie und als Beigabe zu fettreichen Gerichten zu empfehlen.

24 Türkischer Gurkensalat

Eine Salatschüssel mit 1 Knoblauchzehe ausreiben. 1 Flasche Joghurt mit $1/2$ Eßlöffel feingehacktem Dill verrühren. 2 geschälte Salatgurken zweimal der Länge nach durchschneiden und die Streifen in $1/2$ cm dicke Scheiben schneiden. Mit Salz und Pfeffer bestreuen, nach Belieben noch mit etwas Zitronensaft würzen. 2 Eßlöffel Öl und den Joghurt darübergießen. Gut durchmischen. 1 Eßlöffel feingehackte Pfefferminze darüberstreuen und leicht unterheben. Sofort servieren.

25 Rettichsalat mit Kräutern

Vorratssoße mit $1/2$ Flasche Joghurt, Paprika, 1 Eßlöffel Zitronensaft und 2 Eßlöffel Kräuter (Dill, Pimpinelle, Borretsch) verrühren. 4 weiße Mairettiche und $1/2$ Salatgurke schälen und zusammen mit 2 Tomaten in feine Scheiben schneiden. Mit der Marinade gut vermischen. Zu Butterbrot oder Bratkartoffeln reichen.

26 Tomatensalat

3 Eßlöffel feingehackte Kräuter (Pimpinelle, Dill, Melisse, Borretsch), 2 Eßlöffel geriebenen Meerrettich, $1/8$ l saure Sahne oder Joghurt, Salz, 1 Teelöffel Zucker mit 50 bis 100 g Mayonnaise glattrühren und 500 bis 750 g in Viertel oder Achtel geschnittene Tomaten unterheben.

27 Chicoréesalat mit Roquefortsoße

30 g Roquefort mit 2 Eßlöffel Joghurt, 2 Eßlöffel Mayonnaise, 2 Eßlöffel Öl, je 1 Teelöffel Senf, Zitronensaft und Essig mischen, mit Salz und Pfeffer abschmek-

ken. 6 Chicoréestauden in feine Scheiben schneiden, in eine mit Knoblauch ausgeriebene Schüssel geben und die Salatsoße leicht unterziehen.

28 Salat von weißen Bohnen

Vorratssoße mit 3 Tassen gekochten, gut abgetropften weißen Bohnen mischen und mehrere Stunden kalt gestellt durchziehen lassen. 2 kleine Lauchzwiebeln mit dem Grün in feine Ringe schneiden und je 1 Teelöffel Petersilie, Dill und Pfefferminze, feingehackt, unterziehen. Bei Bedarf noch mit Salz und Zitronensaft nachwürzen. 1 Tomate und 1 hartgekochtes Ei in Scheiben schneiden und über den Salat verteilen.

Kalte Kräutersoßen für Salate

Eine gute Salatsoße ist das Geheimnis manch gelungenen Salates. Sie kann aus Öl, Mayonnaise, Sahne, Joghurt oder Quark zubereitet werden. Als Würze dienen Kräuter, Zwiebeln, Meerrettich, Tomatenmark, Ketchup, Essig, Zitrone, Senf, Paprika, Pfeffer, Salz, Zucker und Würzsoßen. Bei den Kräutern kommt es – ebenso wie bei den anderen Würzmitteln – auf die richtige Dosierung an.

Die jeweiligen Zutaten gut mischen und nach Belieben durch weitere ergänzen.

29

1 Eßlöffel Essig, je 2 Eßlöffel Öl und dicke saure Sahne, 1 Teelöffel Senf, einige Tropfen flüssige Würze, 2 bis 3 Eßlöffel feingehackte Kräuter, Salz, Pfeffer.

30

2 Eßlöffel Öl, 1 Eßlöffel Essig, 2 bis 3 Eßlöffel Mayonnaise, 1 Eßlöffel Kräuter, Salz, Pfeffer,1 Messerspitze Zucker.

31

3 Eßlöffel Quark, ¹/₂ Flasche Joghurt, 2 frische Eigelb, 1 Teelöffel Senf, 1 bis 2 Eßlöffel feingehackte Kräuter, Salz, Pfeffer,1 Prise Zucker.

32 Estragonsoße

3 Eßlöffel Öl, 2 Eßlöffel Weinessig, 1 rohes Eigelb, 1 Prise Salz und Pfeffer, 1 Eßlöffel feingehackte frische Estragonblättchen.

33 Meerrettichmayonnaise

Geriebenen Meerrettich mit geriebenen Äpfeln mischen, mit Essig würzen und mit Mayonnaise verrühren. Zu gepökelter Rinderbrust, blaugekochtem Karpfen und kalter Zunge reichen.

34 Sahnemeerrettich

Geriebenen Meerrettich sofort mit etwas Zitrone verrühren, 1 Tasse Sahne mit 1 Messerspitze Salz steif schlagen und unter den Meerrettich ziehen. Zu gekochtem Fisch oder kaltem magerem Fleisch servieren.

35 Ysopmayonnaise

Mayonnaise mit feingehackten frischen Ysopblättchen mischen, mit Salz, Pfeffer, etwas Zitronensaft abschmecken. Besonders schmackhaft zu Kartoffelsalat.

36 Kalte Senfschaumsoße

1 Eßlöffel Senf, je 2 Eßlöffel Öl, Weißwein und Brühe mit 1 Ei im Wasserbad bis zum Dickwerden schlagen, mit Zitronensaft und Salz würzen. Während des Abkühlens noch kurze Zeit schlagen.

37 Senfcreme

Unter 1 Eßlöffel Senf tropfenweise 1 Teelöffel Öl und 1 bis 2 Eßlöffel Kaffeesahne rühren. Mit Salz und Zucker abschmecken. Die Soße dickt nach. Zu kaltem Fleisch, zu Würstchen, als Toastaufstrich unter mild gewürztem Belag servieren.

Suppen

Wer sich in Frühjahrskräutern gut auskennt, sammelt sich die Zutaten zur „Neunkräutersuppe" auf Wiesen und an Wegrainen selbst. Es gehören dazu: Gundermann, Schafgarbe, Brennesseln, Gänseblümchen, Erdbeer- und Löwenzahnblätter sowie Melde, Sauerampfer und Rapunzeln. Die Zutaten für nachstehende Frühlingskräutersuppe stellen nicht so hohe Anforderungen an unsere Kenntnisse von den Wildkräutern, sie schmeckt trotzdem gut.

38 Frühlingskräutersuppe

100 g Spinat, 100 g Brennesseln, 100 g Sauerampfer verlesen, sauber waschen, 3/4 der Menge grob hacken, in 40 g Butter oder Margarine andünsten. 1 gehäuf-

ten Eßlöffel Mehl darüberstäuben und mit 1 l Wasser oder Fleischbrühe auffüllen. Mit Salz und Pfeffer würzen und 10 Minuten leicht kochen lassen. Inzwischen eine Handvoll Kerbel und Petersilie sowie ein paar Schnittlauchstengel waschen, mit den restlichen Blättern fein hacken und in die Suppe geben. 2 Eigelb und 1 Tasse Milch oder Sahne verquirlen und unter Rühren in die nicht mehr kochende Suppe gießen. Mit Pfeffer und Salz abschmecken und die Suppe über geröstete Brotscheiben gießen.

39 Kerbelsuppe

Eine helle Mehlschwitze aus 50 g Butter oder Margarine und 50 g Mehl bereiten, mit 1 l Fleischbrühe (Rindfleisch- oder Würfelbrühe) verrühren und durchkochen lassen. $^1/8$ bis $^1/4$ l süße Sahne und 2 Eigelb verquirlen, in die Suppe rühren, mit Salz, Zitronensaft und 1 Prise Muskatnuß abschmecken und eine Tasse gewaschene und feingehackte Kerbelblättchen unterziehen. Beim Servieren in Butter geröstete Brotwürfel darüberstreuen.

40 Kerbel-Kartoffel-Suppe

Die Kartoffelstückchen in Rindsbouillon mit Suppengrün kochen, reichlich mit feingehacktem Kerbel und etwas Petersilie bestreuen. – Auch zu Kartoffelschnee gestampfte Kartoffeln eignen sich, mit Bouillon verdünnt, zu einer Kerbelsuppe. Sie wird mit Sahne, Salz und Muskat abgeschmeckt, mit Eigelb abgezogen und der Kerbel daruntergerührt.

41 Minutensuppe

Auf jeden Suppenteller eine Handvoll kleine, leicht geröstete Weißbrotwürfel geben. Vorsichtig 1 Ei daraufschlagen und kochendheiße Fleisch-, Hühner- oder Würfelbrühe darübergießen. Die Suppe reichlich mit gehackter Petersilie, Kerbel und Schnittlauch bestreuen und nach Belieben 1 Eßlöffel Weinbrand zugeben.

42 Türkische Joghurtsuppe

1 Flasche Joghurt glattrühren und 1 l fette, mit Suppengrün gekochte, durchgeseihte Fleisch- oder Hühnerbrühe unter Rühren zugießen. 2 Eßlöffel Öl erhitzen, 1 feingehackte Zwiebel darin hellgelb rösten, 2 bis 3 Eßlöffel Mehl zugeben, mit Brühe glattrühren und zugedeckt 5 Minuten dünsten lassen. Die Einbrenne an die Brühe geben. Die Suppe aufkochen, mit Salz und Pfeffer abschmecken und mit reichlich feingehackter Pfefferminze heiß auftragen.

43 Italienische Tomatensuppe

1 Tasse Öl erhitzen, 4 gehackte Zwiebeln und 1 zerdrückte Knoblauchzehe anrösten, 1 kg gewaschene und kleingeschnittene Tomaten zugeben und 5 Minuten dünsten. Mit 1 l Fleisch- oder Würfelbrühe auffüllen. Mit Salz, Pfeffer und etwas Zucker würzen, 20 Minuten leicht kochen lassen. Kräuter (6 Blättchen Basilikum, $1/2$ Stengel Majoran, 1 kleiner Zweig Thymian) zugeben. Die Suppe noch 10 Minuten zugedeckt ziehen lassen (getrocknete Kräuter müssen längere Zeit mitkochen). Durch ein Sieb streichen, mit $1/4$ l süßer Sahne abziehen und 50 g gekochten Reis zuschütten. Geröstete Weißbrotwürfel darüberstreuen.

44 Minestra alla Milanese

3 Kartoffeln, 3 Mohrrüben, $1/4$ Sellerieknolle schälen und würfeln, $1/2$ kleinen Wirsingkohl von den äußeren Blättern und dem Strunk befreien, das Kraut in Streifen schneiden. 1 Handvoll grüne Bohnen putzen und in Stücke brechen. 80 g feingewürfelten Speck in 2 Eßlöffel Öl zerlassen, 1 große grobgehackte Zwiebel und das zerkleinerte Gemüse darin anschwitzen. 2 l Würfelbrühe zugießen, die Suppe mit Salz und Pfeffer würzen und 15 Minuten auf kleiner Flamme kochen lassen. 100 g gewaschenen Reis und 1 Tasse gefrostete Erbsen zugeben und nach weiteren 15 Minuten 2 enthäutete, zerschnittene Tomaten. Feingehackte Kräuter (Basilikum, Petersilie, wenig Majoran und Thymian) an die Suppe geben und abschmecken. Mit dunklem Brot und einem Schüsselchen geriebenem Käse servieren. Die Gemüsearten können nach Belieben ausgetauscht werden, insgesamt werden 750 g gebraucht.

45 Kümmelsuppe

Aus 40 g Butter oder Magarine und 50 g Mehl eine dunkle Schwitze bereiten und unter kräftigem Rühren mit 1 l Wasser löschen. 1 Eßlöffel feingehackten Kümmel und 1 Knoblauchzehe zugeben, mit Salz, Pfeffer und Muskatnuß würzen und die Suppe $1/2$ Stunde leicht kochen lassen. 125 g geriebenen Emmentaler mit 3 Eßlöffel Milch verrühren und die Suppe darübergießen. Dazu Schwarzbrot mit Butter reichen.

46 Zwiebelsuppe

4 kleingeschnittene Zwiebeln in 1 Eßlöffel Margarine anrösten, 1 Eßlöffel Mehl darüberstäuben, kurz mitrösten lassen. Wasser zugießen und 200 g zerschnittenes Bot dazugeben. Nach 30 Minuten Kochzeit die Suppe durch ein Sieb streichen, kräftig mit geriebenem Käse, Salz und Pfeffer würzen. Auf jeden Teller 1 Eigelb geben, leicht schlagen, die Suppe darübergießen. Nach Belieben geröstete Brotwürfel dazu reichen.

Gemüse

47 *Kartoffelsalat mit grünen Gurken und Kräutern*

Mit grob geraspelten grünen Gurken und Dill schmeckt Kartoffelsalat im Sommer frischer, ist saftiger und hat weniger Nahrungsenergie. Anstelle von Mayonnaise kann man ausgelassenen Speck unter den noch warmen Kartoffel-Gurken-Salat mischen. Probieren Sie Kartoffelsalat mit feingehackten Kräutern, wie Estragon, Pimpinelle, Basilikum, Melisse, Tripmadam, Schnittlauch, und im Winter mit Senf-, Kresse- und Kerbelblättchen. Ganz ausgezeichnet schmeckt er auch mit Ysopmayonnaise.

48 *Kräuterkartoffeln*

1 kg Pellkartoffeln kochen, schälen, in dicke Scheiben schneiden. Aus 40 g Butter oder Margarine und 1 gehäuften Eßlöffel Mehl eine Einbrenne bereiten, mit reichlich 1/2 l Würfelbrühe löschen. 3 bis 4 Eßlöffel süße oder saure Sahne zugeben, sehr kräftig mit Salz und Pfeffer abschmecken, die Kartoffelscheiben einlegen und durchziehen lassen. Reichlich Kräuter unterheben (entweder Dill oder Petersilie oder eine Kräutermischung aus Schnittlauch, Kresse, Petersilie und Kerbel). – Zu Kräuterkartoffeln können gebratene Schinkenwürfel oder Wurstscheiben gereicht werden.

49 *Kümmelkartoffeln*

Ungeschälte, aber gut gewaschene rohe Kartoffeln halbieren, mit der Schnittfläche auf ein geöltes, mit Kümmel bestreutes Blech setzen und 30 bis 40 Minuten backen. Die Kartoffeln mit der Schale servieren. Sie schmecken gut zu Kräuterquark.

50 *Peterla und Grießklöße*

3 bis 4 Petersilienwurzeln schälen und in kleinere Stücke schneiden. In wenig Fleischbrühe weich dünsten. Von 500 g Petersilie die Blätter abzupfen, grob hacken und zu den Wurzeln geben. Kurz kochen. Sie sollen weich, aber noch kräftig grün sein. Aus 2 Eßlöffel Butter oder Margarine und 2 Eßlöffel Mehl eine Mehlschwitze bereiten, das Petersiliengemüse dazugeben, aufkochen lassen und mit saftigem Suppenfleisch und Grießklößen servieren. – Ein Teil der Petersilie sollte feingewiegt zum Schluß beigegeben werden.

51 *Grießklöße*

1/2 l Milch mit Salz und 20 g Margarine zum Kochen bringen, 150 g Grieß einrühren und so lange kochen und rühren, bis sich der Grieß als Kloß vom Topf löst.

Vom Feuer nehmen, etwas Muskatnuß und 2 verquirlte Eier unter die abge-
kühlte Masse ziehen, mit feuchten Händen längliche Klöße formen. Nach Belieben geröstete Weißbortwürfel in die Mitte geben. Die Klöße in Salzwasser 5 Minuten kochen und 10 Minuten ziehen lassen. Sofort mit dem Petersiliengemüse
auf den Tisch bringen.

52 Gebackener Blumenkohl

1 in Salzwasser halb weich gedünsteten Blumenkohl in Röschen zerlegen. 1 Ei
verquirlen, mit Muskatnuß würzen und Semmelbrösel mit geriebenem Käse mischen. Die Röschen panieren und in heißem Öl backen, bis sie sich bräunen.

53 Gebratene Steinpilze mit Zwiebelsoße

1 000 g frische junge Steinpilze putzen, waschen, trocknen, salzen, 15 Minuten
unter häufigem Umrühren in heißem Öl braten und warm halten. 3 feingewiegte
Zwiebeln salzen, in heißem Öl gar dünsten, 1/4 l saure Sahne darübergießen und
aufkochen lassen. Die Pilze mit der Soße anrichten.

54 Sauerkraut mit Paprikamark

500 g Sauerkraut zusammen mit 1 Tasse Apfelsaft 20 Minuten dünsten. Die
Flüssigkeit muß verdampft sein. 1 Tasse saure Sahne, Apfelsaft oder Brühe mit
je 1 gehäuften Eßlöffel Paprika- und Tomatenmark, je 1 Prise Zucker und Pfeffer mischen. Nach Belieben noch etwas Butter zufügen.

Fleisch

55 Leberspießchen

500 g Leber in Stücke schneiden, mit kleinen Speckscheiben auf Schaschlyk-
spieße stecken und in fein zerriebenen Salbeiblättern wenden. Butter oder
Margarine in einer Pfanne zerlassen, die Spieße von allen Seiten kurz braten, mit
Salz und Pfeffer bestreut zu Toasts oder Reis reichen.

56 Rumpsteaks mit Kräuterbutter

80 g Butter mit Salz und feingehackten Kräutern (Pimpinelle, Petersilie, Dill)
mischen, Kugeln formen und in den Kühlschrank stellen. 4 Rumpsteaks klopfen,
mit Öl bepinseln, pfeffern und einige Stunden stehenlassen. Dann in heißem Öl
auf jeder Seite 2 bis 3 Minuten braten, salzen und warm stellen. 4 in Ringe geschnittene Zwiebeln im Bratfett rösten und über die Steaks verteilen. Mit Kräuterbutter, Tomatenvierteln und Kresse garnieren.

57 Pfeffersteaks

4 Scheiben Rinderfilet auf beiden Seiten leicht klopfen, mit 3 Eßlöffel Öl bepinseln und 2 Stunden stehenlassen. 3 Eßlöffel schwarze Pfefferkörner grob zerreiben oder zerdrücken. Die Rinderfilets darin wenden. Das abgetropfte Öl mit 1 Eßlöffel Butter in der Pfanne erhitzen und die Filets auf beiden Seiten je 2 bis 3 Minuten braten. Salzen und mit Pommes frites und grünem Salat servieren.

58 Gegrillte Schnitzel

Geklopfte Schnitzel kräftig mit feingehackten frischen oder zerriebenen getrockneten Blättchen von Majoran, Thymian, Estragon, Basilikum oder Rosmarin einreiben und mit Öl bepinseln. Auf jeder Seite 4 Minuten grillen, salzen.

59 Gegrillte Rippchen (für 6 Personen)

1 kg längs halbierte Schweinsrippchen (Schälrippchen), 1- bis 2mal quer teilen, salzen und auf Schaschlykspieße reihen. Reichlich 1 Stunde grillen. Die letzte Viertelstunde die Rippchen mit folgender Marinade bepinseln: $1/2$ Tasse Aprikosensaft, $1/2$ Tasse Ananaswürfel, $1/2$ Tasse Ketchup, 2 Eßlöffel Zitronensaft, $1/2$ Teelöffel Salz und 1 Spritzer Peppersauce verrühren. Die restliche Marinade zu den Rippchen reichen.

60 Gegrilltes Hammelfleisch (für 6 Personen)

Aus folgenden Zutaten eine Marinade bereiten: je $1/2$ Teelöffel Salz und frisch gemahlener Pfeffer, 1 $1/2$ Eßlöffel feingehackte Petersilie, je $1/4$ Teelöffel getrockneter Thymian und Rosmarin (Tee) oder je 1 Teelöffel frische Kräuter, 1 kleines Lorbeerblatt, 1 zerdrückte Knoblauchzehe, $1/3$ Tasse Öl, 1 Tasse Rotwein. 750 g gewürfeltes Hammelfleisch über Nacht in die Marinade legen. Die abgetropften Fleischwürfel abwechselnd mit 1 Streifen roten Paprika, 1 Zwiebelscheibe und 1 grünen Streifen Paprika auf Schaschlykspieße reihen und grillen. Dabei ab und zu mit der Marinade bepinseln.

61 Marinade für mageres Fleisch

$1/2$ Tasse Öl, je $1/2$ Teelöffel Senf, Salz und Paprika, je $1/2$ Eßlöffel Zucker, Ketchup, Essig, je 1 Eßlöffel Zitronensaft und Worcestersauce, 3 Eßlöffel feingehackte Zwiebeln, $1/2$ Knoblauchzehe, einige Spritzer Peppersauce. Die Marinade einige Stunden durchziehen lassen.

62 Marinade für mageres Geflügel

Je 1 Tasse Weißwein und Öl, je $1/2$ Tasse Zitronensaft und feingehackte Zwiebeln, je 1 Eßlöffel Zucker und Salz, je 1 Messerspitze Thymian oder Majoran und Curry, 2 zerdrückte Knoblauchzehen, einige Tropfen Peppersauce. Gut durchziehen lassen.

63 Saltimbocca

4 Schnitzel leicht klopfen, mit Zitronensaft beträufeln und mit Pfeffer einreiben. Einige Minuten mariniert liegenlassen. Die Schnitzel teilen, auf jede Scheibe 1 Salbeiblatt und darüber 1 Scheibe Speck oder Schinken legen, mit Zahnstochern zusammenhalten. Die Speck- oder Schinkenscheiben sollen so groß wie die Schnitzel sein. Das Fleisch in Margarine auf beiden Seiten braten, dann salzen. Das Bratfett mit etwas Wasser und Weißwein loskochen, 1 Teelöffel Mehl darunterrühren, etwas Sahne zugeben und die Soße kurz aufkochen lassen. Die Schnitzel mit Reis und grünem Salat servieren.

64 Majoranfleisch

500 g in Würfel geschnittenes Schweinefleisch in 60 g Fett von allen Seiten anbraten. 250 g Zwiebel fein hacken, zum Fleisch geben, kurz dünsten und alles mit 1 knappen Teelöffel getrocknetem Majoran, mit Salz und Pfeffer würzen. 1 Eßlöffel Mehl darüberstreuen, gut verrühren und 2 bis 3 Tassen heißes Wasser oder Brühe zugießen. Das Gericht soll kräftig nach Majoran schmecken.

65 Kümmelfleisch

500 g Schweinefleisch in Würfel schneiden und in Mehl wenden. 2 Eßlöffel Margarine erhitzen, das Fleisch darin anbraten, mit Salz, Paprika und Pfeffer würzen. Nach und nach $1/4$ l Buttermilch zugießen. 1 geschälten, vom Kernhaus befreiten kleinen Apfel in Stücke schneiden und mit $1/2$ Eßlöffel feingehacktem Kümmel und $1/2$ Teelöffel Zucker in die Soße geben. Auf schwachem Feuer dünsten, bei Bedarf etwas heißes Wasser zugießen. Mit Kartoffeln und grünen Bohnen servieren.

66 Hammelpilaw

400 g Hammelfleisch in kleine Würfel schneiden und in 80 bis 100 g Fett in einer größeren Kasserolle anbraten, 400 g kleinwürflig geschnittene Zwiebeln zugeben und alles richtig durchbraten. Nach etwa 15 Minuten 250 g geraspelte Möhren zufügen und nach weiteren 10 Minuten reichlich $1/2$ l heißes Wasser zugießen. Sehr kräftig mit Salz, Paprika und Pfeffer abschmecken. 300 g gewaschenen Reis dazuschütten, einige Minuten aufkochen und dann bei ganz kleiner Flamme ausquellen lassen. Wenn der Reis das Wasser aufgesogen hat, etwas kochendes Wasser nachgießen. Nicht rühren! – Der Pilaw kann auch ohne Möhren zubereitet werden.

67 Pikanter Rinderbraten (für 6 Personen)

750 g Rindfleisch mit Salz und Pfeffer einreiben, mit Speck spicken, einige Stunden in Rotwein legen, mehrmals wenden. Abtrocknen, in heißem Fett ringsum anbraten. Den Rotwein, 1 Tasse Fleischbrühe oder Wasser, 1 Gläschen Weinbrand nach und nach zugießen, einige Speckschwarten, 1 bis 3 grob gehackte Zwiebeln, 1 Nelke, 1 Lorbeerblatt zugeben und je 1 Prise Zucker, Ingwer, Muskatnuß, getrockneten Majoran und Thymian darüberstreuen. Das Fleisch langsam schmoren lassen. Die eingekochte Flüssigkeit kann durch heißes Wasser ergänzt werden. Die Soße durchseihen, abschmecken und mit wenig Stärkemehl binden. Den Braten mit zarten grünen Bohnen anrichten. Dazu Weißbrot oder Kartoffeln reichen.

68 Fleischschnitten (für 6 Personen)

750 g Schweinefilet in portionsgroße Scheiben schneiden. Aus 1/2 Tasse Öl, 4 Eßlöffel Zitronensaft, je 1 Teelöffel Salz, Paprika, Senf, 1/2 Teelöffel Zucker, 1/4 Teelöffel Muskatnuß und 1 zerdrückten Knoblauchzehe eine Marinade bereiten, die Fleischscheiben darin wenden und mehrere Stunden durchziehen lassen. Dann die Knoblauchzehe aus der Marinade nehmen, die Fleischschnitten in Mehl wenden, in 1 Eßlöffel Margarine anbraten. 1 Zwiebel in Scheiben und 1 grüne Paprikafrucht in Streifen schneiden und ebenfalls zum Fleisch geben. Die Marinade mit 1 Tasse Weißwein oder Bouillon verdünnen und zugießen. Das Fleisch bei schwacher Hitze schmoren lassen, bis es weich ist. Inzwischen 125 g Pilze putzen, in Scheiben schneiden, leicht in Butter bräunen und zum Fleisch geben. – Es können auch getrocknete, eingeweichte und vorgeschmorte Pilze verwendet werden. – Noch 5 Minuten dünsten lassen, dann mit Reis oder Teigwaren servieren.

69 Gebackene Schweinsfüße (für 3 Personen)

3 gespaltene Schweinfüße waschen und 2 Stunden in Salzwasser kochen lassen. 1/2 Stunde vor dem Garwerden 1 vorbereitetes Suppengrün, 1 kleine Zwiebel, 1 Knoblauchzehe, 1 Teelöffel Thymian, 1/2 Teelöffel Salbei und 1/2 Lorbeerblatt zufügen. Aus den Schweinsfüßen die leicht lösbaren Knochen entfernen und das Fleisch zwischen 2 Brettern erkalten lassen. Danach die Schweinsfüße in Mehl, in Ei, das mit gehackter Petersilie, Salz und Peppersauce gewürzt wurde, und in Semmelbröseln wenden. Auf beiden Seiten knusprig braten. Kartoffelsalat paßt gut dazu. Nach Belieben Senf dazu reichen.

70 Klopse in Zitronensoße

500 g Schabefleisch mit 1 feingeriebenen kleinen Zwiebel, 1 Eßlöffel feinge-

hackter Petersilie, 1 Eßlöffel feingehackter frischer Pfefferminze, 1 Ei, 4 gehäuften Eßlöffeln halbgarem Reis mischen, pfeffern und salzen. Kleine Klopse daraus formen und in so viel kochende Würfelbrühe legen, daß sie gerade bedeckt sind. 20 Minuten sieden lassen.

Für die Zitronensoße 25 g Stärkemehl (2 leicht gehäufte Eßlöffel) in wenig kaltem Wasser anrühren, mit 2 Eigelb verquirlen und in 1/2 l kochende Brühe gießen. Mit Zitronensaft und Muskatnuß abschmecken und 1 Eßlöffel frische Butter zugeben.

71 Kräuterklopse mit Tomatensoße

250 g Schabefleisch, 250 g Hackepeter, 2 Eier, 1 geriebene kleine Zwiebel, 1 eingeweichtes und ausgedrücktes Brötchen, 1 Teelöffel Senf, Salz, Pfeffer und 2 Eßlöffel feingehackte Kräuter (Liebstöckel, Majoran und Rosmarin) gut mischen, Klopse daraus formen, in siedendes Salzwasser geben und gar ziehen lassen. Mit Tomatensoße und Reis oder Kartoffeln reichen. – Aus der gleichen Masse lassen sich auch Kräuterbuletten zubereiten.

72 Kräuter-Fleisch-Soße

30 g Speck auslassen, 2 Eßlöffel Öl zufügen, 1 feingehackte große Zwiebel darin hellgelb rösten, 200 g Schabefleisch und 100 g Hackepeter dazugeben und alles durchbraten. 2 gehäutete Tomaten kleinschneiden, zum Fleisch geben, 5 Minuten braten lassen, mit Salz, Pfeffer und 1 Teelöffel Essig abschmecken. 3 Eßlöffel feingehackte Kräuter (Basilikum, Salbei, Petersilie) unterrühren und mit Reis, Teigwaren oder Brot reichen.

73 Kaschmirhähnchen

1 vorbereiteten Goldbroiler von etwa 750 g mit einer Mischung aus je 1 Teelöffel scharfem Paprika und Salz sowie 1/2 Teelöffel Ingwer innen und außen einreiben. Vorher mit der Gabel mehrere Löcher in die Haut stechen. 100 g Margarine erhitzen, den Broiler von allen Seiten goldbraun anbraten, 2 kleingeschnittene große Zwiebeln, 1 Eßlöffel ganzen Koriander und 1 Teelöffel gemahlenen Ingwer zugeben, etwas Wasser zugießen und das Hähnchen zugedeckt in der Röhre schmoren lassen. Bei Bedarf heißes Wasser zugießen. Zum Schluß den Broiler aufgedeckt 5 bis 10 Minuten bräunen lassen. Die Soße durch ein Sieb streichen, mit etwas Mehl binden und mit Zitronensaft und Salz abschmecken. Zu körnig gekochtem Reis servieren. Die Soße extra reichen.

74 Poulet Bordelais

1 zerlegtes junges Huhn mit Knoblauch einreiben und in heißem Fett goldbraun

braten. 2 feingehackte Zwiebeln, 1 kleines Lorbeerblatt, 1 Handvoll Kräuter (Basilikum, Estragon, Petersilie, Thymian, Melisse) fein hacken, zusammen mit Salz und Pfeffer zufügen und mit 1 Tasse Weißwein auf schwacher Flamme dünsten. Den Bratfond mit Weißwein loskochen, 150 g feinblättrig geschnittene Edelpilze einlegen und einige Minuten dünsten. Stärkemehl in kaltem Wasser anrühren, die Soße damit binden, mit Salz und Pfeffer abschmecken und einige Löffel Sahne zugeben. – Anstelle von frischen Pilzen können auch getrocknete verwendet werden. Sie müssen gewaschen und mehrere Stunden eingeweicht werden und von Anfang an mitdünsten.

75 Picknickbrötchen

1 Eßlöffel Margarine zerlassen, 1 feingehackte kleine Zwiebel mit $1/2$ Knoblauchzehe, 1 feingeschnittene Paprikafrucht, 4 Eßlöffel feinwürflig geschnittene rohe Sellerieknolle darin dünsten lassen, 250 g Schabefleisch zugeben, braten, bis es nicht mehr rot ist, 4 Eßlöffel Ketchup, $1/2$ Teelöffel Salz, 1 Messerspitze Pfeffer, 2 Teelöffel Worcestersauce und $1/2$ Tasse geriebenen Käse daruntermischen und noch 10 Minuten dünsten lassen. 6 Brötchen aufschneiden, aushöhlen, die Innenflächen mit Margarine und Senf bestreichen und mit der erkalteten Hackfleischmasse füllen. Die Brötchen einzeln in Alufolie wickeln und $1/2$ Stunde vor dem Anrichten im Freien oder bei 350 °C in der Backröhre grillen. Dazu paßt grüner Salat. Nach Belieben mit Tomatenmark oder Ketchup servieren.

76 Überglänzte Bockwurstscheiben

$1/3$ Eßlöffel Gelatine in 2 Eßlöffel kaltem Wasser auflösen, unter Rühren erhitzen, 2 Eßlöffel Ketchup, 1 Teelöffel Zitronensaft, 1 Teelöffel Worcestersauce, 3 Tropfen Peppersauce zugeben, mit Salz abschmecken und die Soße stocken lassen. Kurz vor dem Gelieren dicke Bockwurstscheiben an Zahnstochern hineintauchen und auf einen Apfel spießen.

77 Schinkenrollen mit Sahnemeerrettich

1 Eßlöffel Gelatine in 2 Eßlöffel kaltem Wasser einweichen, 10 Minuten quellen lassen, mit 2 Eßlöffel kochendem Wasser auffüllen. 120 g Quark durch ein Sieb streichen, mit 2 Eßlöffel geriebenem Meerrettich, etwas Salz und Zucker und 1 Teelöffel Zitronensaft kräftig würzen und mit der aufgelösten Gelatine vermischen. Wenn die Masse beginnt dick zu werden, $1/8$ l steifgeschlagene Sahne unterheben. Die Meerrettichcreme in 4 Schinkenscheiben einrollen. Diese kühl stellen und kurz vor dem Servieren mit Tomatenachteln, Petersilie oder Kresse garnieren.

Fisch

78 Fenchelbarsche

2 Barsche von ungefähr 400 g säubern, innen und außen mit Salz und ein wenig Pfeffer einreiben, 2 Hände voll Fenchel- und 2 Salbeiblätter fein hacken, die Fische damit füllen. Mit reichlich Öl bepinseln und grillen. Dabei einmal wenden und öfter mit Öl bepinseln. Auf Fenchelblättern anrichten, mit Zitronenscheiben und Tomatenvierteln garnieren. Dazu Kräuterbutter und Petersilienkartoffeln reichen.

79 Fischgulasch

750 g Fischfilet in Würfel schneiden, säubern und mit Pfeffer bestreuen. 75 g gewürfelten durchwachsenen Speck zerlassen, 2 feingeschnittene Zwiebeln darin anrösten, 1 Eßlöffel Mehl zugeben, gut verrühren, vom Feuer nehmen, 1 Eßlöffel Edelsüßpaprika daruntermischen, etwas heißes Wasser zugießen. 2 Eßlöffel Tomatenmark, 1 Eßlöffel Paprikamark, 2 kleingeschnittene Paprikafrüchte zugeben und mit 2 Tassen heißem Wasser auffüllen. 1 Brühwürfel, 1 Messerspitze feingehackten Kümmel, $1/4$ Teelöffel Majoran, $1/2$ zerdrückte Knoblauchzehe zugeben, abschmecken und in der leicht siedenden Soße die mit Salz bestreuten Fischwürfel 10 Minuten gar ziehen lassen. Dazu körnig gekochten Reis und grünen Salat reichen.

80 Zander in gelber Kapernsoße

1 Zander von 1 000 g ausnehmen, die Filets auslösen und die Haut abziehen. Die Filets waschen, in gleichmäßige Scheiben schneiden. $1/2$ l Wasser, Suppengrün, Salz, 1 halbierte kleine Zwiebel, 1 Lorbeerblatt, Pfefferkörner und 1 Eßlöffel Essig kochen lassen. Wenn das Suppengrün weich ist, die Fischscheiben einlegen und gar ziehen lassen. Den Fisch gut abgetropft auf eine Platte legen und mit gelber Kapernsoße und Salzkartoffeln reichen.

81 Gelbe Kapernsoße

Eine helle Einbrenne aus 30 g Margarine und 30 g Mehl bereiten und mit $1/2$ l Fischbrühe löschen. 3 entkernte, geschälte Zitronenscheiben dazugeben, 10 Minuten leicht kochen lassen. $1/2$ Röhrchen Kapern hinzufügen und unter Rühren noch 30 g Butter zugeben. Die Soße mit 3 Eigelb abziehen und mit Salz, Pfeffer und Muskatnuß abschmecken.

82 Rosmarinfischbällchen (für 3 Personen)

400 g Fischfilet durch den Wolf drehen, 50 g Weißbrot in 4 Eßlöffel Milch ein-

weichen und die Fischmasse mit 1 grob zerteilten Zwiebel, 1 kleinen Knoblauchzehe und dem eingeweichten Weißbrot ein zweites Mal durchdrehen. Die Masse mit Salz und Pfeffer und 1 1/2 Eßlöffel feingehacktem frischem oder 1 Teelöffel getrocknetem, leicht gehacktem Rosmarin (Tee) vermischen. Kleine Bällchen daraus formen, in die Mitte ein kleines Stückchen Butter geben, in Ei und Semmelbröseln zweimal wenden und in heißem Öl knusprig braun backen. – Anstelle von Rosmarin können auch Majoran, Thymian, Basilikum, Dill, Petersilie oder andere Kräuter verwendet werden. In die Mitte kann ein Stückchen Kräuterbutter gegeben werden. Heiß mit Tomaten- oder Zitronensoße (Nr. 70) zu Kartoffeln reichen oder mit Ketchup zu Toasts. Kartoffelsalat paßt auch dazu.

83 Fischsalat

500 g gekochten Fisch zerpflücken, alle Gräten entfernen. Mit 1 feingehackten Zwiebel, 2 Eßlöffel feingehackten Kräutern (Basilikum, Melisse, 1 Blättchen Salbei) und 1 kleingehackten Gewürzgurke, Salz, Worcester- und Peppersauce leicht mischen; einige Stunden in den Kühlschrank stellen. Kurz vor dem Anrichten Mayonnaise oder Öl leicht unterziehen. Mit Eischeiben und Tomatenachteln garnieren.

84 Marinierte grüne Heringe

4 grüne Heringe säubern, filetieren, in 2 Finger breite Stücke schneiden und in einen kleinen Tontopf schichten. Jede Schicht mit reichlich grob geschnittenem Dill belegen. Aus 4 Eßlöffel Öl, 2 Eßlöffel Weinessig, je 1 knappen Kaffeelöffel Salz, Zucker und Senf sowie 1/2 Teelöffel Pfeffer eine Marinade mischen und über die Heringe geben. 2 Tage an einen kühlen Ort stellen. Beim Servieren mit gehacktem frischem Dill bestreuen und mit Tomatenscheiben und dünnen Zwiebelringen belegen.

85 Salzheringe mit Sahnemeerrettich

3 Salzheringe 1 Tag lang wässern, filetieren und mit Sahnemeerrettich anrichten (Nr. 34). Dazu auf 1 Salatblatt 4 Tomatenhälften setzen, die mit Sahnemeerrettich bedeckt sind.

Eier

86 Omelett mit Kräutern

Eine schwere, am besten gußeiserne Pfanne langsam heiß werden lassen. Inzwischen 4 Eier mit 4 Eßlöffel Milch, etwas Salz und Pfeffer mit einer Gabel schlagen, bis sich leichter Schaum zeigt. 1 nußgroßes Stück Margarine in die Pfanne geben, erhitzen (nicht bräunen), die Eiermasse hineingeben, 2 bis 3 Eßlöffel feingehackte Kräuter darüberstreuen und bei mäßiger Hitze zugedeckt stocken lassen. Das Omelett muß hell und locker sein. Dazu grünen Salat reichen.

87 Ungarische Rühreier

1 Paprikafrucht und 1 kleine Lauchzwiebel fein hacken, das feste Fleisch von 1 großen Tomate würfeln. 4 Eier mit 1 Eßlöffel Milch, Salz und Pfeffer verquirlen, mit dem kleingeschnittenen Gemüse vermischen und Rührei daraus bereiten. Kurz vor dem Stocken 1 Eßlöffel feingehackte Kräuter (Basilikum, Estragon, Kresse) und $1/2$ Teelöffel Edelsüßpaprika unterrühren.

88 Eier mit Meerrettichmayonnaise

Hartgekochte Eier in Scheiben schneiden und auf Meerrettichmayonnaise anrichten. Mit feingehacktem Schnittlauch, Paprikapulver und mit etwas Salz bestreuen.

89 Kräutereier

Aus hartgekochten Eiern die Dotter lösen, mit schaumig gerührter Butter oder Margarine und feingehackten Kräutern (fertige Mischung aus dem Kühlschrank) mischen und wieder füllen. Mit Tomatenvierteln anrichten. – Anstelle von Butter kann auch Mayonnaise verwendet werden.

Milchprodukte

90 Kräuter-Camembert

Die Rinde eines Camemberts abschaben und das Innere mit 100 g schaumig gerührter Kräuterbutter und 1 Messerspitze Senf vermischen. Wieder einen Käse daraus formen, mit ein wenig Paprika bestreuen und auf ein Salatblatt setzen. Zu Pellkartoffeln oder als Brotaufstrich servieren.

Kräuterquark

250 g Quark mit Milch sahnig schlagen und mit folgenden feingehackten Kräutermischungen verrühren:

91

Kresse, Schnittlauch, Kerbel, Melisse, Petersilie oder

92

Dill, Borretsch, Petersilie oder

93
Majoran, Thymian, Basilikum, etwas Suppenwürze oder

94
Estragon, Pimpinelle oder

95
Sauerampfer, Kerbel, Portulak oder

96
Fenchel, Ysop, Melisse

Der Quark kann mit süßer oder saurer Sahne, frischem oder gekochtem Eigelb sowie mit Öl verfeinert werden. Pikanter wird er durch die Zugabe von feingehackten sauren Gürkchen, Meerrettich, Senf, Zwiebeln, Pfeffer und Paprika.

97
Tomaten und Gurkensockel mit einer dieser Kräuterquarkfüllungen auf einem Salatblatt angerichtet, eignen sich als Vorspeise oder zum Abendbrot.

98 Quark mit grüner Gurke und Tomate
Zur Abwechslung können Sie auch einmal geraspelte grüne Gurke oder Tomatenachtel unter den Quark mischen. Dazu 150 g Quark mit 4 Eßlöffel saurer Milch, 1/2 Teelöffel Zucker, 1 bis 2 Eßlöffel feingehacktem Dill und Petersilie verrühren und mit Salz und Pfeffer würzen. Sofort servieren, damit die Gurke oder die Tomaten nicht zuviel Saft verlieren. Zum Schluß mit Kresse garnieren.

Kräuter-Butter-Mischungen
125 g schaumig gerührte Delikateßmargarine oder Butter mit Salz, Pfeffer, Zitronensaft und 2 Eßlöffel feingewiegten Kräutern verrühren. Folgende Kräutermischungen sind zu empfehlen:

99
Petersilie, Schnittlauch, Kerbel oder

100
Basilikum, 2 bis 3 Spinatblätter, 1 feingehackte Schalotte, 2 zerdrückte Knoblauchzehen oder

101
wenig Lavendel und Salbei, Bohnenkraut, reichlich Dill (besonders zu Fisch geeignet) oder

102
Estragon (nur 1 Eßlöffel) oder

103
Petersilie, Dill, Edelsüßpaprika, Worcester- und Peppersauce, Zwiebelsalz, Knoblauch

104 Worcesterbutter
65 g Butter mit 1 Prise Salz und 1 Teelöffel Worcestersauce gut verrühren (besonders zu Karpfen und Hammelkotelett).

Buttermischungen sind vielseitig verwendbar, zu Steaks, gekochtem und gegrilltem Fleisch und Fisch sowie als Brotaufstrich.

Kuchen und Gebäck

105 Gewürzkuchen
150 g Butter schaumig rühren und mit 180 g Zucker, 1 Päckchen Vanillinzucker, 3 Eßlöffel Rum, der abgeriebenen Schale von ½ Zitrone vermischen. 250 g Mehl, 80 g Stärkemehl, 1 Eßlöffel Backpulver, 50 g Kakao, 1 Teelöffel Ingwer, 2 Teelöffel Zimt, je ½ Teelöffel gemahlene Nelken und Koriander, 1 Prise Salz durch ein Sieb geben. Die Mehlmischung abwechselnd mit 4 Eiern und 4 Eßlöffel Joghurt oder 3 Eßlöffel saurer Milch unter die Buttermischung rühren. Zum Schluß 80 g geschälte süße Mandelhälften und 80 g zerkleinertes Zitronat unter den Teig heben. In eine gefettete Form füllen und bei schwacher bis Mittelhitze etwa 80 Minuten backen. Nach dem Abkühlen mit einem dicken Guß aus 120 g Puderzucker, 2 Eßlöffel Rum und etwas heißem Zitronensaft bestreichen.

106 Safranbrot
500 g Mehl in eine Schüssel sieben, in ⅛ l lauwarmer Milch 25 g Hefe, 1 Ei und ½ Teelöffel Safran verquirlen. 150 g Margarine sahnig rühren. 100 g Zucker, 25 g zerkleinertes Zitronat, 125 süße und 3 bittere Mandeln, abgezogen und gehackt, das Mehl und die aufgelöste Hefe löffelweise zugeben und alles sehr gründlich durcharbeiten. Den Teig in zwei verschieden große Stücke und jedes davon in drei Stränge teilen und zu Zöpfen flechten. Den größeren Zopf auf ein gefettetes Backblech legen, mit verquirltem Eiweiß und Wasser bestreichen, den kleinen Zopf darauflegen und beide zugedeckt mindestens 30 Minuten gehen lassen. Mit dem restlichen Eiweiß und Wasser bestreichen, in den vorgeheizten Ofen schieben und bei mäßiger Hitze goldgelb backen. Mit Zuckerglasur bestreichen und mit gestiftelten Mandeln verzieren.

107 Kaffeecreme-Törtchen

1/2 Tasse Zucker, 1 gehäuften Eßlöffel Gelatine, 1 gehäuften Teelöffel feinge-
mahlenen Kaffee, 1/4 Teelöffel geriebene Muskatnuß, 1 Teelöffel Vanillinzucker und 1 Prise Salz vermischen. In einer Kasserolle 3 Eigelb leicht schlagen,
mit 1 1/2 Büchsen Kaffeesahne verrühren und die Zuckermischung zufügen. Auf
schwacher Flamme rühren, bis sich die Gelatine auflöst und die Mischung leicht
dickt. Unter häufigem Rühren abkühlen lassen. 3 Eiweiß zu leichtem Schnee
schlagen, 1/2 Tasse Zucker zugeben und steif schlagen. Den Eischnee leicht unter
die Kaffeecreme heben. Die Masse in einen Mürbteigboden oder in Torteletts
füllen und kalt stellen. – Nach Belieben mit etwas Schlagsahne und geraspelter
Schokolade als Nachtisch oder zum Kaffee servieren.

108 Zitronen-Eiscreme-Torte

In einer Kasserolle 70 g Margarine, 4 Eßlöffel Zucker, 5 Eßlöffel Zitronensaft,
1 Prise Salz und 1 Teelöffel Stärkemehl vermischen. 2 Eier und 2 Eigelb schlagen
und mit der Zitronenmischung auf schwachem Feuer unter stetem Rühren zum
Kochen bringen. Kalt stellen. 2 Tassen Vanilleeis auf einem Mürbteigboden verteilen, die ausgekühlte Zitronencreme daraufstreichen und den Kuchen kurz ins
Tiefkühlfach stellen. 2 Eiweiß mit 1 Prise Salz zu leichtem Schnee schlagen,
nach und nach 2 Eßlöffel Zucker zugeben und steif schlagen. 1 Teelöffel geriebene Zitronenschale daruntermischen und die Masse auf die Torte geben. Bei
starker Oberhitze 2 bis 3 Minuten in der Backröhre überbacken. Sofort servieren.

109 Zimtsterne

4 Eiweiß mit 1 Prise Salz zu steifem Schnee schlagen, 250 g Zucker, 1/2 Teelöffel
Zimt, 1 Prise gemahlene Nelken darunterrühren. Von der Masse 1/2 Tasse voll
für den Guß aufheben und in den Rest 250 g ungeschälte geriebene süße Mandeln geben. Den gut verarbeiteten Teig auf ein bemehltes Brett geben und mit dem
Rollholz so flach drücken, daß er knapp fingerhoch ist. Sterne davon ausstechen.
Mit dem zurückgebliebenen Eischnee bestreichen und bei schwacher Hitze
abbacken.

110 Ingwerbrot

250 g Puderzucker mit 2 Eiern und 2 Eigelb im Wasserbad schlagen, bis das Wasser kocht. 1 Eßlöffel feingeriebenen Ingwer zugeben und rühren, bis die Masse
kalt ist. Nach und nach 250 g Mehl darübersieben. Den Teig gut durcharbeiten,
ausrollen und daraus Formen ausstechen. 1 Stunde ruhen lassen, dann die Kekse
goldgelb backen.

111 Kardamomplätzchen

125 g Margarine schaumig rühren, 80 g Zucker, 1 Ei, 1 gestrichenen Teelöffel Kardamom, 1 Prise Salz und 2 Eßlöffel Kokosraspel zufügen. 200 g mit Backpulver vermischtes Mehl darüber sieben und den Teig glattrühren. Mit einem Löffel kleine Häufchen auf ein gefettetes Backblech setzen und flach drükken. Die Plätzchen goldbraun backen.

112 Muskattaler

Aus 125 Margarine, 125 g Zucker, 1 Ei, 250 g Mehl, 1/2 Päckchen Backpulver, je 1 Messerspitze Zimt und Muskatnuß einen Teig kneten, ausrollen, runde Plätzchen ausstechen, mit Ei bepinseln und mit Mandelhälften verzieren. Bei mäßiger Hitze goldgelb backen.

113 Anisplätzchen

4 Eier und 300 g Zucker werden 1/4 Stunde lang schaumig gerührt (elektrisch nur etwa 5 Minuten). 250 g Mehl, 50 g Stärkemehl und 1 Eßlöffel Anis zufügen und nochmals ebensolange rühren. Auf ein gefettetes, bemehltes Blech mit 2 Teelöffeln kleine Häufchen setzen, über Nacht stehenlassen und am nächsten Tag bei schwacher Hitze ganz hell backen. Es bilden sich dabei der für dieses Gebäck typische ,,Sockel" und das ,,Schaumkäppchen".

114 Salbeimäuschen

1 Handvoll große Salbeiblätter waschen und abtrocknen lassen. 4 Eßlöffel Sahne mit 2 Eigelb, 1 Prise Salz und 1 gehäuftem Eßlöffel Zucker verrühren und nach und nach 100 g Mehl zugeben. Das Eiweiß mit 1 Teelöffel Zucker steif schlagen und unter den Teig ziehen. Die Salbeiblätter in den dickflüssigen Teig tauchen und in siedendem Fett goldgelb backen. Auf einem Sieb abtropfen lassen und mit Zimtzucker bestreuen.

Ein zweites Mal in Teig gehüllt und gebacken, schmecken die Salbeimäuschen noch besser. Danach zuckern.

Süßspeisen

115 Puddingkroketten

Aus knapp 1/2 l Milch Vanillepudding nach Vorschrift zubereiten, 1 Eigelb darunterrühren, auf eine mit kaltem Wasser abgespülte Platte gießen und erstarren lassen. Den Pudding in Streifen schneiden oder mit einem Eßlöffel abstechen.

Erst in Ei, dann in Semmelbröseln wenden, ein zweites Mal panieren und sofort in heißem Fett goldgelb backen. Nicht zuviel auf einmal hineingeben. Die cremigen Kroketten mit Vanillepuderzucker bestreuen.

116 Leche Quemada (für 4 bis 6 Personen)

1 Dose gezuckerte Kondensmilch 2 1/2 bis 3 Stunden in reichlich Wasser kochen lassen. Die ausgekühlte Dose öffnen und die so gewonnene Karamelcreme wie folgt anrichten: Auf 1 Scheibe Ananas (ein ausgehöhlter, leicht gedünsteter, halbierter Apfel tut's auch) 1 gehäuften Eßlöffel Creme geben, darauf 1 Teelöffel Schlagsahne und 1/2 Walnuß oder 1 Maraschinokirsche setzen.

117 Ingwercreme

4 bis 5 Pfirsiche häuten, in Scheiben schneiden, 4 Eßlöffel Zucker darüberstreuen und kalt stellen. Den Saft mit 4 gehäuften Eßlöffel Quark, etwas Milch oder Sahne, 1 Teelöffel Zitronensaft und 1/2 Teelöffel gemahlenem Ingwer glattrühren. Zu den Pfirsichscheiben oder anderem frischen Obst oder zu Obstspeisen reichen.

118 Schnee-Eier

4 Eigelb rühren, bis sie dick werden, 4 Eiweiß zu festem Schnee schlagen. Die Eigelbmasse unter den Eischnee ziehen. 1 l Milch mit einer der Länge nach geteilten halben Vanilleschote in einem breiten Topf zum Kochen bringen. Die Masse teelöffelweise auf die heiße, leicht siedende Milch setzen, auf beiden Seiten stocken lassen, mit einer Schaumkelle herausnehmen und auf ein sauberes Tuch legen. Die heiße Milch mit 1 Prise Salz, 1/2 Tasse Zucker und 3 Eßlöffel in etwas kalter Milch aufgelöstem Stärkemehl binden und über den auf einer Platte angerichteten Berg Schnee-Eier gießen. Kalt als Nachtisch servieren.

119 Gewürzter Kakao

Lassen Sie in der Milch zur Abwechslung einmal eine halbe Vanilleschote mitkochen oder 3 bis 4 Zimtröllchen heiß werden. Auch Eigelb und 1 Schuß Weinbrand passen geschmacklich dazu.

120 Glühwein

1 Flasche Rotwein mit 1/4 Stange Zimt vorsichtig bis kurz vor dem Siedepunkt erhitzen, 3 dünne Zitronenscheiben mit je einer Nelke 5 Minuten darin ziehen lassen. Den Zimt vorher herausnehmen. Es kann auch ein kleines Stück Ingwer eingelegt werden.

121 Honigpunsch

2 Glas Wasser, 2–3 Eßlöffel Honig mit einem Hauch Muskat und 1 Nelke aufkochen und nach Belieben mit Rumverschnitt auffüllen.

122 Holunderpunsch

$^1/_2$ l Holundersaft mit 1 knappen Tasse Zucker, 1 Stückchen Zimtrinde, 3 Nelken, 2 Scheiben Zitrone eine halbe Stunde leicht sieden lassen, durchsieben und mit $^1/_2$ Flasche Weißwein und $^1/_2$ l Wasser oder schwarzem Tee auffüllen. Nochmals bis kurz vorm Sieden erhitzen und 1 kleines Glas Weinbrandverschnitt oder Wodka zugießen.

Womit würze ich was?

Mit Majoran kann man Gulasch würzen – mit anderen Gewürzen kann man das auch. Ja, andere gehören sogar dazu – zum Beispiel Paprika und Zwiebeln.
Die nachstehende Tabelle sagt, wozu ein Gewürz paßt – zu welchem Gericht. Sie sagt aber nichts darüber, welche Gewürze man in welcher Menge für einen Gulasch oder ein anderes Gericht benötigt. Das kann sie auch gar nicht. In Geschmacksfragen gibt es keine feststehenden Gebote. Landschaftliche Besonderheiten und individuelle Neigungen spielen dabei eine große Rolle. Die folgende Tabelle will Ihnen nur Anregungen geben. Ziehen Sie sie zu Rate, wenn Sie weniger bekannte Kräuter und Gewürze verwenden – und sie wird Ihnen dabei von Nutzen sein. Aus ernährungswissenschaftlichen Gründen ist es ratsam, als Grundlage für Kräuterbutter Delikateßmargarine zu verwenden.

Was wird verwendet?	für Salate	für Soßen	für Suppen und Eintöpfe	für Fisch
ANIS Samen, ganz oder gemahlen	Obstsalate		Obstsuppen	
BASILIKUM Kraut, frisch oder getrocknet	Blatt-, Bohnen-, Gurken-, Tomaten-, Kartoffel-, Fleisch-, Wurst-, Fischsalat, gemischter Salat	Kräuter-, Salat-, Tomaten-, Bratensoßen, Sauce Vinai- grette	Tomaten-, Kartoffel-, Gemüse-, Hülsenfrucht-, Zwiebel-, Fischsuppen, Fleischbrühe	See-, Süßwasser- fische, Krabben
BEIFUSS aufblühende Triebe ohne Blätter, frisch oder getrocknet	Fleischsalat	Kräutersoßen	Kräuter-, Kartoffel-, Zwiebelsuppen, Gemüseein- töpfe	Karpfen
BOHNEN- KRAUT blühendes Kraut, frisch oder getrocknet	Bohnen-, Kartoffel-, Fleisch-, Gurken-, Blattsalat (zarte frische Blattspitzen)	Kräuter- und Käse- soßen	grüne Bohnen-, Hülsenfrucht-, Kartoffel-, Gemüsesuppen	Fischklopse, gebratener Fisch
BORRETSCH Blätter, frisch, auch Blüten (nicht kochen!)	Gurken-, Blatt-, Kar- toffelsalat	Kräuter-, Salat-, Tomaten-, Senf-, Sahne- soßen	Kräuter-, Tomaten-, Kartoffel- suppen	

für Fleisch	für Gemüse	für Milchprodukte und Eier	für Sonstiges
	Karotten, Kürbis, rote Rüben, Rotkraut		Gebäck, Brotgewürz, Apfel- und Birnenkompott, Pflaumenmus, Grog, Mixgetränke, Punsch
alle Fleischarten, Gulasch, Kotelett, Hackbraten	Weißkraut, Kohlrüben, Hülsenfrüchte, Auberginen, Bohnen, Gurken, Kohlrabi, Spinat, Tomaten, Zwiebeln, Kräuterkartoffeln, Sauerkraut	Kräuterbutter, Käsesoufflé, Mayonnaise, Rührei	Basilikumessig, Einlegen von Gurken
fettes Fleisch, Hackbraten, Gänsebraten	Weißkraut, Wirsingkohl, Kohlrüben	Mayonnaise	Auslassen von Schmalz
Hammel-, Rindfleisch, Hackbraten, Steaks, Wurst, Geflügelfüllungen	grüne Bohnen, Weißkraut, Sauerkraut, Pilze (außer Champignons), Bratkartoffeln, Kartoffelpuffer	Kräutermayonnaise, Kräuteromelett	Käsestangen, Salzbrezeln, Einlegen von Gurken
Hammelfleisch, Nieren, Hackfleischgerichte	Gurken, Kohlrabi, Spinat, Schwarzwurzeln, Weißkraut, Pilze (außer Champignons), Bohnen	Kräuterbutter, Quark, Rührei, Eiersalat	Butterbrot

113

Was wird ver- wendet?	für Salate	für Soßen	für Suppen und Eintöpfe	für Fisch
BRUNNEN- KRESSE Blätter, frisch (nicht kochen!)	Brunnen- kresse-, Tomaten-, Blatt-, Kartoffel-, gemischter Salat	Kräuter-, Salatsoßen	Kräuter-, Tomaten- suppen	
CURRY	Reis-, Fleisch-, Geflügel-, Krabben- salat	Currysoßen	Fleisch-, Fisch-, Gemüse- suppen	Seefische, Marinaden
DILL junge Triebe, feingehackt (nicht kochen!), Blüten und Samen auch getrocknet	Blatt-, Gurken-, Tomaten-, Kartoffel-, Fischsalat	Dill-, Kräuter-, Salatsoßen	Kräuter-, Bohnen-, Blumenkohl-, Kartoffel-, Fleisch-, Fischsuppen	See-, Süßwasser- fische (auch marinierte), Krabben, Krebse, Räucher- lachs
ESTRAGON Blätter und Kraut, frisch oder getrocknet	Blatt-, Gurken-, Tomaten-, Kartoffel-, Fleischsalat (frische Blätter, feingehackt)	Kräuter-, Salat-, Braten- soßen, Sauce Béarnaise und Vinai- grette	Kartoffel-, Fischsuppen, Fleisch- brühe	See- und Süßwasser- fische, marinier- ter Hering, Krabben
FENCHEL Kraut, frisch, und Samen	Gurken-, Tomaten-, Blattsalat (zarte frische Blätter)	Kräuter-, Salat-, Fischsoßen	Fleisch-, Hühner- brühe	Karpfen, Barsch, Marinaden, Füllungen

114

für Fleisch	für Gemüse	für Milchprodukte und Eier	für Sonstiges
	Bratkartoffeln	Kräuterbutter, Quark, Eierspeisen	Beilage zu gebratenem und gegrilltem Fleisch und Fisch, Butterbrot
alle Fleischarten, Ragouts, Klopse, Hackbraten	Hülsenfrüchte, Tomaten, Bohnen, Gurken, Weißkraut	Käse-, Eier-speisen, Quark	Marinaden, Reis (besonders zu indischen Gerichten)
gekochtes Rind-, Hammel-, Kalb-fleisch, Huhn	Gurken, Kohlrabi, grüne Erbsen, Möhren, Kartoffeln, Pilze, Bratkartoffeln	Dillbutter, Quark, Kräuter-mayonnaise, Eierspeisen, Aufläufe	Einlegen von Gurken
alle Fleischarten, Wild, Geflügel, Sauer-braten, Ragouts, Hackfleisch-gerichte	Bohnen, Gurken, Karotten, Kartoffeln, Kürbis, Linsen, Paprika, Sellerie	Kräuterbutter, Kräuter-mayonnaise, Rührei, Omeletts	Einlegen von Gurken und Paprika, Beizen, Estragon-essig
	Gurken, Karotten, rote Rüben, Sauerkraut	Quark, (zarte Blätter)	Garnieren von kalten Platten (frische Blätter)

115

Was wird verwendet?	für Salate	für Soßen	für Suppen und Eintöpfe	für Fisch
GARTEN-KRESSE Kraut, frisch (nicht kochen!)	Kresse-, Blatt-, Kartoffel-, Radieschen-, Tomaten-salat	Kräuter-, Salatsoßen	Kräuter-, Tomaten-suppe	
KERBEL Kraut, frisch	Tomaten, Kartoffel-, Blatt-, Fischsalat	Kräuter-, Salatsoßen	Kerbel-, Kartoffel-, Frühlings-, Tomaten-, Fischsuppen (höchstens einmal aufkochen!)	gekochte See- und Süßwasser-fische
KORIANDER Samen, ganz oder gemahlen, frische Blätter	Blatt-, gemischter Salat (frische Blätter)	Kräuter-, Salatsoßen (frische Blätter)	Bohnen-, Linsensuppen	Fisch-marinaden
KÜMMEL Samen, Blätter, frisch	Weißkraut-, Sauerkraut-salat (feingehackt)	Bratensoßen	Kartoffel-, Kraut-, Brotsuppen	
LAVENDEL Blätter und Triebspitzen, frisch, getrocknet		Kräuter-soßen	Fischsuppen, Eintöpfe	
LIEB-STÖCKEL Blätter, frisch oder getrocknet	Blatt-, Tomaten-, gemischter Salat	dunkle Braten-, Kräuter-soßen	Kartoffel-, Gemüse-, Tomaten-, Selleriesuppen, Fleischbrühe	gekochter Fisch

für Fleisch	für Gemüse	für Milchprodukte und Eier	für Sonstiges
Kalbs-, Geflügelfrikassee	Bratkartoffeln	Kräuterbutter, Quark, Butter-, Käse-, Eierbrot, Eierspeisen	kurz gebratenes Fleisch, gebratener Fisch (als Beilage)
Kalbs-, Geflügelfrikassee	grüne Erbsen, Spinat, Tomaten, Salzkartoffeln	Kerbelbutter, Quark, Kräutermayonnaise, Eierspeisen	
Rind-, Schweine-, Hammelfleisch, Wild	Bohnen, Linsen, Weißkraut, Rotkraut, rote Rüben, Wirsingkohl	Kräuterbutter, Quark, Kräutermayonnaise, Eierspeisen	Marinaden, Brot-, Lebkuchengewürz
alle Fleischarten, Hackbraten, Gulasch	Sauerkraut, Weißkraut, Kartoffeln, rote Rüben, Bratkartoffeln	Quark, Käse, Käsespeisen, Remouladensoße	Brotgewürz, Kümmelgebäck
Hammelfleisch		Kräuterbutter	
Rinder-, Hammel-, Hackbraten, Gulasch, Rouladen, Gänsebraten, Füllungen	Hülsenfrüchte, frisches Gemüse (außer Spargel)	Kräuterbutter, Mayonnaise, Rührei	Marinaden

117

Was wird verwendet?	für Salate	für Soßen	für Suppen und Eintöpfe	für Fisch
MAJORAN Blätter, frisch oder getrocknet	Fleisch-, Fisch-, Geflügel- salat	Kräuter-, Tomaten- soßen	Kartoffel-, Tomaten-, Hülsenfrucht- suppen	
MEER- RETTICH Wurzel	Rote-Rüben-, Gurken-, Frischkost-, Fleisch-, Fischsalat	Meerrettich- soßen	Fischsuppen, Fleischbrühe	gekochter Fisch (besonders Karpfen, Schleie)
MELISSE Blätter und Triebspitzen, frisch oder getrocknet	Blatt-, Gurken-, Kartoffel-, Fleisch-, Wurst-, Fischsalat	Salat-, Kräuter- soßen	Kräuter-, Obstsuppen, Hühner- bouillon	See-, Süßwasser- fische
MUSKAT Samenkern, feingerieben	Obstsalat	helle Soßen	Tomaten-, Bohnensuppen, Fleischbrühe	
NELKEN Blütenknospen, getrocknet, ganz oder gemahlen	Obstsalat	Fruchtsoßen	Obstsuppen	gekochter Seefisch, Herings- marinaden

für Fleisch	für Gemüse	für Milchprodukte und Eier	für Sonstiges
Schweine-, Hammel-, Rinderbraten, Hackbraten, Gulasch, Innereien, Wurst, Geflügelbraten, Füllungen	Hülsenfrüchte, grüne Bohnen, Auberginen, Sauerkraut, Tomaten, Bratkartoffeln, Kartoffelpuffer	Käsespeisen	Knödel, Klöße, Auslassen von Schmalz
gekochtes Rind-, Schweinefleisch, Roastbeef, Schinken, Würstchen	Kürbis, rote Rüben	Meerrettichbutter, -mayonnaise und -quark, Sahne- meerrettich, Eierspeisen	Einlegen von Gurken
Schweinefleisch, Hackbraten, Wild, Schnitzel, Geflügel	Blumenkohl, grüne Erbsen, Gurken, Karotten, Pilze, Sellerie, Tomaten	Kräuterbutter, Quark, Mayonnaise, Eierspeisen	Marinaden
Rindfleisch Klopse, Ragouts, Hackbraten, Hühnerfrikassee	Blumenkohl, Gurken, Rosenkohl, Schwarzwurzel, Spinat, Kartoffelbrei	Käseauflauf	Backwerk, Knödel, Klöße, Punsch, Trink- schokolade
Schweine-, Hammelbraten, Ragouts, Wurst	Rotkraut, Weißkraut, Kürbis		Lebkuchen-, Einmachgewürz, Marinaden, Kompott, Glühwein, Fruchtsäfte

119

Was wird ver-wendet?	für Salate	für Soßen	für Suppen und Eintöpfe	für Fisch
PAPRIKA Pulver	alle Salate (außer süßen)	Braten-, Salatsoßen	Tomaten-, Gemüse-, Gulasch-, Fischsuppen	See-, Süßwasser-fische
PETER SILIE Blätter, frisch oder getrocknet, Wurzeln	alle Salate (außer süßen)	Petersilien-, Salat-, Kräutersoßen	Kartoffel-, Gemüse-, Kräuter-, Fischsuppen, Fleischbrühe	See-, Süßwasser-fische, Füllungen
PIMENT Früchte, ge-trocknet, ganz oder gemahlen	Obstsalat	Fleisch-, Fischsoßen	Fleisch-, Geflügel-, Fischsuppen	gekochter Fisch, Fisch-marinaden
PIMPINELLE Blätter, frisch, feingehackt (nicht kochen!)	Blatt-, Tomaten-, Gurken-, Kartoffel-, gemischter Salat	Kräuter-, Salatsoßen	Kräuter-, Tomaten-, Pilz-, Ge-müsesuppen, Fleischbrühe	Süßwasser-fische, Fisch-marinaden
PORTULAK Blätter, frisch	Blatt-, gemischter Salat	Kräuter-, Salat-, Tomaten-soßen	Kräuter-, Tomaten-suppen	
ROSMARIN Blätter und Triebspitzen	Tomaten-, Sellerie-, Blatt-, Käse-, Krabben-, gemischter Salat	Kräuter-, Salat-, Tomaten-soßen	Tomaten-, Kräuter-, Kartoffel-, Sellerie-, Pilz-, Hülsenfrucht-, Fisch-, Ge-müsesuppen	Seefisch, Fisch-marinaden

120

für Fleisch	für Gemüse	für Milchprodukte und Eier	für Sonstiges
alle Fleischarten, Hackfleischgerichte, Gulasch, Innereien, Wild, Geflügel, Speck	Tomaten, Gurken, grüne Bohnen, weiße Bohnen, Kartoffeln, Porree, Weißkraut, Sauerkraut, Rosenkohl, Sellerie, Auberginen	Quark, Käse, Mayonnaise, Eierspeisen	Teigwaren, Reis
alle Fleischarten, Geflügel, Füllungen	alle Gemüsearten	Kräuterbutter, Quark, Mayonnaise, Eierspeisen	Garnieren von kalten Platten
alle Fleischarten, Wild, Sülze	Kohlgemüse, Kohlrabi, weiße Bohnen, Rosenkohl, Spinat		Lebkuchengewürz, Einlegen, Marinieren
gekochtes Hammel-, Rindfleisch, Hühnerfrikassee	zartes Gemüse (junge Möhren, Erbsen, Blumenkohl), Tomaten, Gurken	Kräuterbutter, Quark, Mayonnaise, Eierspeisen	Kräuteressig
	Tomaten-, Gurkengerichte	Quark, Mayonnaise, Eierspeisen	Kapernersatz (sauer eingelegt als Beilage)
alle Fleischarten, Hackfleischgerichte, Innereien, Wild, Geflügel, Füllungen	Pilze, Kohlrabi, Weißkraut, Auberginen, Bratkartoffeln	Mayonnaise, Rührei	Kräuteressig, Marinaden

Was wird verwendet?	für Salate	für Soßen	für Suppen und Eintöpfe	für Fisch
SALBEI Blätter, frisch oder getrocknet	Fischsalat	Kräuter-, helle Soßen	Fischsuppen	See-, Süßwasserfische, Karpfen, marinierter Hering
SCHNITT-LAUCH Blätter, frisch	alle Salate (außer Obstsalat)	Salat-, Kräuter-, Tomaten-, helle Soßen	Kartoffel-, Bohnen-, Tomaten-, Erbsen-, Fisch-, Geflügelsuppen, Fleischbrühe	Fischmarinaden
SELLERIE-GRÜN Blätter, frisch oder getrocknet	Blatt-, Kartoffel-, Fleisch-, Wurst-, Fischsalat	Kräuter-, Braten-, helle Fleischsoßen	Gemüseeintöpfe, Kartoffel-, Tomatensuppen, Fleischbrühe	gekochter Fisch
SENF Samen und frische Blätter	Rote-Rüben-Salat (Körner), Blatt-, Kartoffel-, Radieschen-, Tomatensalat (Blätter)	Kräuter-, Salatsoßen (Blätter)	Kräuter-, Tomatensuppen (Blätter)	Fischmarinaden (Körner)
THYMIAN Blätter, frisch oder getrocknet	Kartoffel-, Tomaten-, Bohnen-, Sellerie-, Blattsalat	Kräuter-, Salat-, Tomaten-, Braten-, Fischsoßen	Tomaten-, Kartoffel-, Bohnen-, Hülsenfrucht-, Fischsuppen	Seefische, Karpfen, Krebse

für Fleisch	für Gemüse	für Milchprodukte und Eier	für Sonstiges
Rinder-, Hammel-, Schweinebraten, Kotelett, Leber, Schinken, Schaschlyk, Wild	Tomaten, Zwiebeln	Kräuterbutter, Käseauflauf, Eierspeisen	Salbeiküchlein
	Pilze, Tomaten, Kräuter-, Bratkartoffeln	Schnittlauchbutter, Quark, Eierspeisen, Remouladensoße	Butterbrot
gekochtes Fleisch, Geflügel	Tomaten-, Paprikagerichte	Mayonnaise, Quark, Eierspeisen	Beizen von Wild
Hammel-, Geflügelfrikassee (Blätter)	Bratkartoffeln (Blätter)	Kräuterbutter, Quark, Käse-, Eierbrot, Eierspeisen (Blätter)	Einlegen von Gurken, Bohnen, Kürbis, Mixed Pickles, Paprika (Körner)
alle Fleischarten, Hackbraten, Gulasch, Nieren, Leberknödel, Eisbein, Wurst, Wild-, Geflügelragouts	Bohnen, Hülsenfrüchte, Paprika, Pilze, Kartoffeln, Tomaten, Wirsingkohl	Quark, Mayonnaise, Käse-, Eiergerichte	Kräuteressig, Marinaden, Auslassen von Schmalz

Was wird ver- wendet?	für Salate	für Soßen	für Suppen und Eintöpfe	für Fisch
TRIP- MADAM Blätter, frisch (nicht kochen!)	Blatt-, Tomaten-, Paprika-, Gurken-, Kartoffel-, gemischter Salat	Salat-, Kräuter- soßen	Kräuter-, Kartoffel- suppen	
WACHOL- DER Beeren, getrocknet		Frucht- soßen		Fisch- marinaden
YSOP Blätter, frisch oder getrocknet	Tomaten-, Sellerie-, Fleisch-, Kartoffel- salat	Salat-, Kräuter- soßen	Tomaten-, Bohnen-, Kartoffel- suppen	Krabben
ZIMT ganz oder gemahlen	Obstsalat (gemahlen)		Obstsuppen (ganz)	
ZWIEBEL roh, getrocknet oder pulverisiert	Sellerie-, Tomaten-, Bohnen-, Rote-Rüben-, Kraut-, Kartoffel-, Pilz-, Fisch-, Fleisch-, Blattsalat	Braten-, Kräuter-, Salat-, Fisch-, Zwiebelsoßen	Zwiebel-, Fischsuppen, Gemüse- eintopf Fleisch-, Hühnerbrühe	alle Fischarten, Fisch- marinaden

für Fleisch	für Gemüse	für Milchprodukte und Eier	für Sonstiges
	Karotten, grüne Erbsen, Bohnen, Tomaten, Kräuterkartoffeln		
Rinderbraten, Wild, Wildgeflügel	Weiß-, Rot-, Sauerkraut, rote Rüben		Beizen
Hammel-, Schweinebraten, Gulasch, Rouladen, Geflügelfüllungen	Tomaten, Bohnen	Mayonnaise, Käse, Quark	
Schweine-, Gänsebraten, Schinken		Eierkuchen, süßer Quark	Grießbrei, Kompott, Milchreis, Punsch, Lebkuchen- gewürz
alle Fleischarten, Füllungen	Zwiebelgemüse, alle Gemüsearten, die kräftig schmecken sollen	Mayonnaise, Käse, Quark	Einlegen von Gurken, Bohnen, Paprika- früchten, Auslassen von Schmalz

125

Was würze ich womit?

Die verschiedenen Würzvarianten sind jeweils durch einen Schrägstrich voneinander getrennt.

Salate

Basilikum, Bohnenkraut, Borretsch (auch Blüten), Brennessel, Brunnenkresse, Dill, Dost, Essig, Estragon, Fenchelgrün, Gartenkresse, Gewürzsalz, Glutal, Kapuzinerkresse (auch Blüten), Kerbel, Knoblauch, Knoblauchsalz, Kräutersalz, Liebstöckel, Melisse, Paprika, Petersilie, Pfeffer, Pfefferminze, Pimpinelle, Portulak, Rosmarin, Salbei, Salatmarinadengewürz, Sauerampfer, Schafgarbe, Schnittlauch, Selleriegrün, Senf, Senfblätter, Thymian, Tripmadam, Worcestersauce, Ysop, Zitrone, Zucker, Zwiebel, Zwiebelpulver, Zwiebelsalz.

Soßen

Basilikum, Bohnenkraut, Borretsch, Bratensoßengewürz, Brühpasten, Brühsuppengewürz, Curry, Dill, Dost, Estragon, Fenchel, Gewürzsalz, Glutal, Kapern, Käse (Béchamelsauce), Ketchup, Knoblauch, Knoblauchsalz, Koriander, Kümmel, Liebstöckel, Lorbeerblatt, Majoran, Meerrettich, Melisse, Muskat, Paprika, Paprikamark, Peppersauce, Petersilie, Pfeffer, Pimpinelle, Pilze, Piment, Rosmarin, Salbei, Safran, Sauce Béarnaise Reduktion, Sauerampfer, Schnittlauch, Sellerie, Senf, Tomatenmark, Wein, Weinbrand, Weinessig, Wildkräuter, Worcestersauce, Wurzelwerk, Ysop, Zitrone, Zwiebel. *Süße Soßen:* Anis, Ingwer, bittere Mandel, Melisse, Muskat, Nelken, Rum, Vanille, Wein, Weinbrand, Zimtrinde, Zitrone, Zucker.

Suppen siehe Soßen und Fleischbrühe

Gemüse

Blumenkohl: Muskat / Muskat, Petersilie / Basilikum mit Dill oder Estragon / gemahlener Koriander, Petersilie, Pimpinelle / Fenchelkraut, Melisse. *Bohnen, grüne:* Bohnenkraut / Bohnenkraut, Basilikum, Dill, Petersilie / Bohnenkraut, Thymian (Gemüseeintopfgewürz). *Bohnen, weiße:* Basilikum, Knoblauch, Tomatenmark, Rosmarin oder Salbei, Petersilie, Pfeffer / Paprikamark, Suppenwürze, Worcestersauce, Zwiebelpulver. *Chicorée:* Muskat, Petersilie, Zitronensaft. *Erbsen, grüne:* Petersilie oder Fenchelkraut, Muskat, Pfeffer / Kerbel, gemahlener Koriander, Pfeffer (Kräutersalz). *Erbsen, gelbe:* Majoran mit Thymian oder mit Bohnenkraut / Piment, Lorbeerblatt, Liebstöckel,

Kräuter- oder Selleriesalz. *Grünkohl:* Piment, Muskat, Zwiebel, Kümmel (Zusatz von frischen Wildkräutern wie Sauerampfer, Löwenzahn und Brennessel, Bratensoßengewürz, Gemüseeintopfgewürz, Zwiebelsalz oder Zwiebelpulver). *Gurkengemüse:* Dill, Borretsch, Bohnenkraut, Estragon, Pfeffer / Petersilie, Dill, Kerbel, Selleriesalz / Thymian, Curry. *Gurkensalat:* Dill, Borretsch, Pfeffer / Dill, Borretsch, Estragon, Knoblauch oder Fenchelgrün / Bohnenkraut, Schnittlauch / Dill, Pfefferminze, Joghurt / Tripmadam, Melisse, Kräutersalz / Paprika, Sahne, Zucker (Salatmarinadengewürz, Glutal). *Gurken einlegen:* Dill, Estragon, Basilikum, Bohnenkraut, Meerrettichwürfel, Senfkörner, Essig, Zucker. *Karotten:* Anis, gemahlener Koriander, Estragon / Petersilie, Pimpinelle, Muskat / Petersilie, Pfefferminze, Zucker. *Kartoffeln:* Pellkartoffeln und geschälte Kartoffeln mit einem Sträußchen Petersilie, Dill oder mit Kümmel kochen. *Bratkartoffeln:* Schnittlauch / Kümmel, Zwiebellauch / Dill, Petersilie / Bohnenkraut, Kresse / Majoran, Thymian, Rosmarin / Paprika, Zwiebel / Pfefferminze (Pfeffer, Kräuter-, Knoblauch- oder Selleriesalz). *Kartoffelbrei:* Zwiebel oder Äpfel, gekocht und passiert / Muskat, Pfeffer, Petersilie oder Dill. *Kartoffelsalat:* Bohnenkraut, Schnittlauch, Thymian (frisch), Zwiebel, Essig, Pfeffer, Senf / Schnittlauch, Essig / Basilikum, Borretsch, Dill, Essig / Estragon, Pimpinelle, Senfblättchen, Schnittlauch, Essig / Ysop, Essig, Mayonnaise / Dill, Petersilie, Essig / Melisse, Kerbel, Kresse, Tripmadam, Essig (Knoblauch, Liebstöckel, Selleriegrün, Löwenzahn, Brennessel, Sauerampfer und weitere Wildkräuter, Pimpinelle, Glutal, Paprika, flüssige Würze, Öl, Mayonnaise, Speck, Tomatenmark, Worcestersauce, Zwiebelpulver, Salatmarinadengewürz, Gewürz-, Kräuter- und Selleriesalz). *Kartoffelsuppe:* Majoran, Selleriesalz, Thymian / Bohnenkraut, Beifuß, Estragon, Lorbeer oder gemahlener Koriander / Suppengrün und Kerbel / Dill, Estragon, Petersilie, Pimpinelle / Suppengrün, Kümmel, etwas Sellerieknolle und Zwiebel, alles feingehackt (einmal aufkochen) / Suppengrün, Petersilie, Liebstöckel/ Suppengrün, Zwiebel, wenig Estragon, Kümmel und Koriander, feingemahlen / Brennessel, Sauerampfer oder andere Wildkräuter, Pfeffer (Brühsuppengewürz, Sellerie- oder Kräutersalz, Suppenwürze, Brühpaste). *Klöße:* Muskat / Majoran, Rosmarin, Thymian / Bohnenkraut. *Kohlrabi:* Petersilie, Pimpinelle, Pfeffer (Gemüseeintopfgewürz, Glutal, Kräuter- und Selleriesalz). *Kohlrüben:* Basilikum, Bohnenkraut / Bohnenkraut / Zwiebel, Pilze, Petersilie / Lorbeer, Piment- und Pfefferkörner, Zwiebel / Majoran, Kümmel, Petersilie (Bratensoßengewürz, Gemüseeintopfgewürz, Gewürzsalz, Glutal, Selleriesalz). *Kürbis:* Ingwer, Zimt, Estragon / Paprika, Zwiebel. *Mohrrüben:* s. Karotten. *Paprika:* Basilikum, Estragon, Zwiebel, Petersilie, Tomatenmark / Zwiebel, Rosmarin, Petersilie. *Pilze:* Dill, Petersilie, Thymian, Zwiebel, Borretsch, Gewürzsalz / Zwiebel, Rosmarin, Petersilie. *Porree:* Muskat, Pfeffer / Paprika, Selleriegrün (Kümmel, Paprikamark, Gewürzsalz). *Rosenkohl:* Muskatnuß, Petersilie / Zwiebel, Petersilie (Paprika, Gewürzsalz). *Rote Rüben:* Koriander, Nelken, Essig oder säuerliche Äpfel, Zucker (Wacholder, Kümmel). Salat: Koriander, Kümmel, Meerrettich, Pfeffer, Senfkörner, Zwiebel. *Rotkraut:* Apfel, Essig, Nelken, Zucker (Wacholder). *Sauerkraut:* Kümmel, Majoran, Lorbeerblatt, Zwiebel / Paprika, Tomatenmark, Zucker / Paprikamark, saure Sahne. *Schwarzwurzeln:* Muskat, Petersilie. *Sellerie:* Estragon, Zwiebel, Zitronensaft (Paprika, Kräutersalz). *Spargel:* Muskat, Petersilie. *Spinat:* Zwiebel, Muskat, Basilikum, Zusatz von frischem Spinat oder Wildkräutern, besonders Sauerampfer, Brennessel (Zwiebelpulver, Zwiebelsalz, Glutal). *Tomaten:* Zwiebel, Pfeffer, Zucker, Dill / Bohnenkraut, Selleriegrün, Zucker / Kerbel, Fenchelgrün oder Bohnenkraut (Paprikamark, Selleriesalz). Salat: Zwiebel, Essig, Pfeffer, Zucker, Dill / Zwiebel, Basilikum, Estragon, Petersilie, Pimpinelle, Schafgarbe, Meerrettich, Zucker, Mayonnaise (Salatmarinadengewürz). *Weißkraut:* Basilikum, Bohnenkraut, Kümmel / Basilikum, Wacholderbeeren, Pfeffer (Curry, Dill, Gemüseeintopfgewürz, Kräutersalz, Paprika, Pilze, Tomatenmark). *Wirsingkohl:* Muskat, Thymian, Pfeffer, Zwiebel (s. auch Weißkraut). *Zwiebel:* Muskat, Pfeffer / Kümmel, Paprika / Dill, Kümmel (Zucker).

Fleisch

Fleischbrühe: Suppengrün, Zwiebel (mit Schale oder angerösteter Schnittfläche ergibt dunklere Brühe), Liebstöckel, Muskat / 1 Zwiebel, 1 Lorbeerblatt, 2 Nelken, 2 Gewürz- und 3 Pfefferkörner (Estragon, Brühsuppengewürz, Sellerie, Kräuter- oder Selleriesalz, Glutal, Brühpaste). *Fettes Fleisch:* Beifuß, Majoran, Dost, Eberraute, Thymian, Meerrettich, Senf, Paprika. *Kalbfleisch,* Braten: Mohrrübe / Zwiebel, Knoblauch, Tomatenmark, Sahne / Zwiebel, Pfeffer, Majoran oder Kümmel / Curry, Apfel, Pfeffer, Zitrone, Weißwein / gemahlener Koriander, Pimpinelle. Frikassee: Dill, Petersilie, saure Sahne / Zwiebel, weißer Pfeffer, Salbei oder Ysop / Sauce Béarnaise Reduktion, Zitronensaft. *Rindfleisch,* Braten: Zwiebel, Basilikum, Rosmarin oder Thymian, Majoran, Pfeffer / Zwiebel, Kümmel, Pfeffer. Beize für Sauerbraten: Estragon, Ysop, Piment, Nelken, Wacholderbeeren, Pfefferkörner, Rosmarin, Zwiebel / Bratenstücke einreiben mit Liebstöckel, Basilikum oder Majoran. *Schwein*, Braten: Zwiebel, Basilikum, Beifuß, Majoran, Knoblauch / Majoran, Thymian / Zwiebel, Kümmel, Beifuß, Knoblauch / Zwiebel, Knoblauch, Nelken, Rosmarin / Rosmarin, Estragon, Pfeffer / Ingwer zum Fleisch einreiben. Schnitzel: Einreiben mit Senf, Majoran oder Thymian, Rosmarin und Estragon. *Hammel,* Braten: Zwiebel, Knoblauch, Rosmarin, Thymian oder Majoran / Knoblauch, Beifuß, Bohnenkraut, Salbei (Hammelbratengewürz vor dem Braten einreiben). *Lamm,* Ragout: Dill, Sardellen, Weißwein, Zitrone. *Kaninchen,* Braten: Speck, Zwiebel, Kümmel, saure Sahne / Speck, Zwiebel, Knoblauch, Wacholderbeeren / Zwiebel, Beifuß, Bohnenkraut, Thymian, Estragon. *Geflügel,* Gänse- und Entenbraten: Basilikum, Beifuß / Basilikum, Fenchel, Rosmarin. Huhn: Salbei, Rosmarin, Thymian, Bohnenkraut (sparsam) / Zwiebel, Paprika. *Wild:* Estragon, Salbei, Wacholder / Majoran, Nelken, Rosmarin, Wacholder (Wildgewürz, Cumberlandsauce). Marinade: Basilikum, Estragon, Rosmarin, Wacholder, Essig, Pfefferkörner, Zwiebel. *Hackbraten:* Basilikum, Bohnenkraut, Majoran, Koriander und Kümmel, feingehackt, wenig Knoblauch / Majoran, Thymian,. Kümmel, Senf, Zwiebel, Pfeffer / Basilikum, Dost, Knoblauch, Zwiebel, Selleriesalz / Petersilie, Pfeffer, geriebener Käse, geriebene Zitronenschale / Basilikum, Rosmarin, feingehackte Senfgurke oder marinierte rote Rübe, Senf. *Klops:* Melisse, Salbei, Petersilie, Pfeffer / Zwiebel, Muskat, Pfeffer, Sardellenpaste, Zitronensaft. *Leber:* Basilikum, Knoblauch, Pfeffer, Tomatenmark / Zwiebel, Rotwein, Petersilie, Pfeffer. *Nieren:* Dill, wenig Estragon, Borretsch, Pfeffer, Zitronensaft. *Gulasch:* Speck, Zwiebel, reichlich Paprika, wenig Kümmel, Lorbeerblatt, Pfeffer / Zwiebel, Liebstöckel, Thymian, Rosmarin, gemahlener Koriander, Nelken (Gulaschsuppengewürz). *Schaschlyk:* Öl, Pfeffer. Marinade: Öl, Basilikum, Majoran, Paprika, Pfefferkörner (Schaschlykgewürz). *Steaks:* Öl, Pfeffer / Paprika, Öl. Marinade: Öl, Petersilie, Basilikum, Essig, Pfefferkörner / Rosmarin, Piment, Pfefferkörner, Lorbeer, Essig, Wacholder. *Schmalz:* Apfel, Beifuß, Majoran, Thymian, Zwiebel.

Weitere Gewürze zu Fleischgerichten: Brühsuppengewürz, Brühpaste, Bratensoßengewürz, Chilliesschoten (Marinaden), Cumberlandsauce (Wildbraten, Wildgeflügel), Curry, Dost, Geflügelgewürz, Glutal, Hackepetergewürz, Hackfleischgewürz, Kapern (Ragouts), Käse (Käserinde mitschmoren), Knoblauch, Knoblauchsalz, Kräutersalz, Meerrettich, Nelken (Schweinebraten spicken), Ochsenschwanzsuppengewürz, Pastetengewürz, Paprika, Paprikamark, Peppersauce, Picnicsauce, Pilze, Selleriesalz, Senf (Rind-, Wild- und Kaninchenfleisch vor dem Braten bestreichen), Tomaten, Tomatenmark, Wacholder (Marinade), Wein, Weinbrand, Worcestersauce, Zitrone (Ragouts), Zwiebelpulver.

Zu kaltem Fleisch: Cumberlandsauce, Picnicsauce, Peppersauce, Worcestersauce, Meerrettich, Remouladensauce, Senf, Mayonnaise, Tomatenmark, Paprikamark, Ketchup, Mixed Pickles, Kräuterbutter, Kräutersalz.

Fisch

Basilikum, Bohnenkraut, Borretsch, Curry, Dill, Fenchel, Fischgewürz, Fischmariniergewürz, Glutal, Kapern, Kräutersalz, Lorbeer, Melisse, Meerrettich,

Pimpinelle, Paprika, Paprikamark, Petersilie, Pfeffer, Peppersauce, Picnicsauce, Piment, Rosmarin, Salbei, Senf, Thymian, Tomatenmark, Tripmadam, Wacholderbeeren, Weinraute, Wein, Worcestersauce, Wurzelwerk, Zitrone, Zwiebel.

Butterbrot

Garten-, Brunnen- und Kapuzinerkresse, Kerbel, Löffelkraut, Schnittlauch, Pritamin, Tomatenmark, Kräuterbutter.

Quark und Käse

Basilikum, Borretsch, Brennessel, Brunnenkresse, Dill, Estragon, Fenchelblätter, Gartenkresse, Gewürzsalz, Kapuzinerkresse, Kerbel, Koriandergrün, Kräutersalz, Kräuterquarkgewürz, Kümmel, Liebstöckel, Melisse, Paprika, Paprikamark, Petersilie, Pimpinelle, Schnittlauch, Senf, Senfblätter, Tomatenmark, Ysop, Zitrone, Zucker, Zwiebel, Zwiebelpulver, Zwiebelsalz. Süße Quarkspeisen: bittere Mandeln, Rosinen, Rum, Vanille, Zimt, Zitrone, Zucker.

Eier

Basilikum, Borretsch, Brennessel, Brunnenkresse, Dill, Estragon, Fenchelblätter, Gartenkresse, Gewürzsalz, Kapern, Kapuzinerkresse, Kerbel, Koriander, Kräutersalz, Meerrettich, Melisse, Paprika, Paprikamark, Petersilie, Pfeffer, Pimpinelle, Portulak, Sauerampfer, Schnittlauch, Senf, Senfblätter, Tomatenmark, Ysop, Zitrone, Zwiebel. Süße Eierspeisen: bittere Mandeln, Rum, Vanille, Wein, Zimt, Zitrone.

Gebäck

Anis, Bohnenkraut (Salsgebäck), Honig, Ingwer, Kardamom, Käse, Kokoraspel, Koriander, Kümmel, bittere Mandeln, Muskat, Nelkenpulver, Nüsse, Orangeat, Orangen, Paprika, Pfeffer, Piment, Rum, Salz, Vanille, Vanillinzucker, Weinbrand, Zimt, Zucker.

Kompott

Nelken, Ingwer, Stangenzimt, Zitronenschale.

Süße Getränke

Melisse, Nelken, Rum, Vanille (Kakao), Wein, Weinbrand, Zimt, Zitrone.

Ein paar Worte Praxis

Heute wollen Sie den Hackbraten einmal anders als gewohnt würzen. Sie stehen vor Ihrer Kräuter-„Plantage", sehen zu Ihren Gewürzbüchsen und sind ein wenig ratlos: Was paßt außer den altgewohnten Zutaten noch zu Fleisch? Welche Gewürze harmonieren miteinander? Wieviel nimmt man davon?

Eine wichtige Voraussetzung ist, den Geschmack der einzelnen Kräuter zu kennen. Man muß wissen, welche Kräuter stark aromatisch sind, da ein Zuviel sonst leicht den Eigengeschmack eines Gerichts überdeckt. Fischsalat darf nicht Salbeisalat, Gurken- nicht Borretsch- oder Dillsalat sein.

Zu den kräftig würzenden Kräutern zählen:

Basilikum (scharf und würzig), Bohnenkraut (leicht pfeffrig), Estragon (beißend aromatisch), Liebstöckel (schmeckt nach Suppenwürze), Thymian (beißend aromatisch), Majoran (stark würzig), Rosmarin (stark aromatisch), Ysop (herb).

Von diesen Kräutern genügen meist schon einige Blättchen, vor allem in einer Kräutermischung. Auch von Beifuß (leicht bitter), Lavendel (herb bitter), Salbei (würzig bitter) ist sparsam Gebrauch zu machen. Bei Lavendel und Salbei reicht meist schon ein Blatt. Von Beifuß jedoch kann man schon etwas mehr zu einem fetten Gänse- oder Schweinebraten nehmen.

Die Doldengewächse Anis, Fenchel, Kerbel und Koriander schmecken leicht süßlich und brennend. Auch Dill gehört zu ihnen. Er ist jedoch weniger aufdringlich im Geschmack, ebenso wie Petersilie, Melisse (würzig, leicht bitter), Pimpinelle (würzig, entfernt nach Gurke schmeckend), Tripmadam (leicht säuerlich), Borretsch (würzig, Gurkengeschmack), Portulak (leicht salzig, erfrischend). Bleiben noch Brunnen-, Garten- und Kapuzinerkresse (alle scharf, retticartig), Löffelkraut (scharf, leicht salzig), Schnittlauch mit zwiebelähnlichem Geschmack.

Bei Salat- und kalten Kräutersoßen, in Quark- und Eierspeisen kann man die Würzwirkung der einzelnen Kräuter oder Kräutermischungen am leichtesten prüfen und die Geschmacksrichtung variieren. Sie sind ein dankbares Gebiet für Kräuter- und Gewürzliebhaber und die, die es werden wollen.

Zarte Kräuter mit schwächerem Aroma wie Pimpinelle, Borretsch, Melisse, Kerbel, Dill, Petersilie passen in fast jede Kräutermischung, insbesondere für kalte und warme Soßen. Von kräftig würzenden Kräutern einer Geschmacksrichtung sollte man nicht viele verwenden, also nicht Salbei, Lavendel und Beifuß gleichzeitig. Bei Muskatnuß genügt es, am Schluß soviel wie eine Prise ans Essen zu reiben. Auch Lorbeerblatt wirkt durchdringend. Bei Curry und Paprika ist am ehesten eine kleine Übertreibung gestattet.

In Brühen, Suppen, Eintöpfen werden getrocknete Gewürze wie Lorbeerblätter, Piment, Pfefferkörner und Nelken und von den Kräutern Beifuß, Salbei, Dillstiele mit angesetzt. Kräftige Würzkräuter wie Sellerie und Liebstöckel bleiben unzerkleinert und werden vor dem Auftragen entfernt. Wurzelwerk oder Suppengrün und Zwiebeln sollen nach neuen Erkenntnissen erst in den letzten 45 Minuten Kochzeit zugesetzt werden, da sonst ein zu starker Wirkstoffverlust eintritt. Scharfe Gewürze wie Pfefferkörner, Paprika und Curry können ihr Aroma erst richtig entfalten, wenn sie längere Zeit mitkochen.

Frische Kräuter werden erst kurz vor dem Anrichten feingehackt an Suppen, Salate oder Gemüse gegeben. Sie dienen mit ihrem teilweise recht hohen Vitamingehalt auch zur Aufwertung einer Mahlzeit. In kalten Soßen kann man Kräuter bis zu einer halben Stunde ziehen lassen, sie schließen ihr Aroma dann besser auf. Sonst gilt: Kräuter unmittelbar vor Gebrauch zerkleinern und nicht stehenlassen.

Majoran und Thymian gibt man feingehackt frisch gegen Schluß der Kochzeit zu und läßt sie ungefähr fünf Minuten auf kleiner Flamme mitkochen. Getrocknete Kräuter dagegen werden eine Viertelstunde vor Schluß zugesetzt, damit die volle Geschmackswirkung entstehen kann. Man zerreibt sie möglichst klein zwischen den Fingern oder Handflächen.

In der Kindernahrung soll man mit intensiv schmeckenden Kräutern ein wenig zurückhaltender sein, weil Kinder auf geschmackliche Reize stärker reagieren.

Es wird nicht immer leicht sein, Kräuter zu beschaffen. Schauen Sie sich um, was auf Märkten, in Markthallen, in Gärtnereien angeboten wird. Vielleicht finden Sie einen ständigen Kräuterlieferanten. An einige Gewürzkräuter brauchen Sie nur das Wörtchen Tee zu hängen: Salbei-, Rosmarin-, Pfefferminz- und Fencheltee gibt es in Drogerien und Apotheken.

Greifen Sie – vor allem bei Zeitmangel oder in den Wintermonaten – auch zu Würzsoßen, Streudosen und anderen Würzmitteln. Ihre Gerichte lassen sich auch damit abwechslungsreicher und interessanter machen. Bei geschicktem Würzen können Kochsalz- und Fettverbrauch reduziert werden.

Vielleicht notieren Sie sich ab und zu besonders gelungene Kombinationen. Vermeiden Sie aber, bestimmte Gewürze an die verschiedensten Gerichte zu geben. Sonst kommt es in Ihrer Küche zu einem Einheitsgeschmack, der gerade vermieden werden soll. Experimentieren Sie! Es macht Freude, Neues zu entdecken.

Tips für die Gewürzküche

Basilikum, auch „deutscher Lorbeer" genannt, kann wie dieser verwendet werden

Bittere Mandeln deutlich kennzeichnen und getrennt von süßen aufbewahren. Sie sind für Kinder gefährlich. Zehn Stück können, roh verspeist, tödlich wirken

Borretsch. Blüten, dem Essig zugesetzt, färben ihn blau

Bratensoßen, für *dunkle:* Basilikum mit Majoran, Bohnenkraut, Salbei, Ysop mit einem Schuß Wein oder Weinessig

für *helle:* Basilikum, Sellerie, Petersilie und geringe Gaben von Salbei und Ysop

Brühwürfel würzen stärker, wenn sie kurz vor dem Garwerden zugegeben werden

Cayennepfeffer beim ersten Mal sehr wenig verwenden, weil man den feurigen Geschmack meist unterschätzt

Chillies, sparsam damit umgehen, würzen sehr stark, vor allem die Kerne sind beißend scharf

Curry. Soße nach dem Kochen mit ein wenig geriebenem kandiertem Ingwer verfeinern

Dillsamen gilt als Kümmelersatz

Essig macht weichen Fisch fester (dem Kochwasser zusetzen). Festes Fleisch wird durch Einlegen in Essig mürber

Fenchelsamen darf nicht völlig ausreifen, soll grün sein.

Garnieren. Nicht nur Petersilie nehmen. Zum Garnieren eignen sich auch Blätter und Triebspitzen von Dill, Estragon, Fenchel, Pimpinelle, Kerbel, Kümmel, Kapuzinerkresse, Koriander, Melisse und die Blüten von Borretsch und Kapuzinerkresse.

Käse und Sahne verfeinern alle Soßen, in die verlorene Eier geschlagen oder mit denen Gerichte überbacken werden

Kerbel muß vor Knospenansatz geschnitten werden. Blühendes Kerbelkraut ist wertlos

Knoblauch kann ganz fein mit einer Rasierklinge geschnitten werden. Eine Kante wird mit einem Pappstreifen geschützt. Eine kleine Menge läßt sich mit Salz auf einem Küchenbrett zerreiben. Das Salz saugt das Würzöl schnell auf. So läßt es sich in kleinen Dosen verteilen. Braten und gegrilltes Fleisch erhält einen besonderen Wohlgeschmack, wenn man es vorher mit Knoblauch abreibt.

Koriander hat muskatähnlichen Geschmack, kann wie Muskat verwendet werden

Kümmelkörner springen beim Wiegen nicht weg, wenn man sie naß macht oder mit Salz mischt. Auch feuchte Brotkrume oder Kartoffeln eigenen sich. Zerkleinert hat Kümmel stärkere Würzkraft

Lebkuchengewürz besteht aus Zimt, Nelken, Kardamom, Piment, Anis, Muskat, Koriander

Löffelkraut. Durch Borretsch und Schnittlauch kann der scharfe Geschmack in Soßen gemildert werden

Mandeln springen beim Hacken nicht weg, wenn man Zucker darüber streut

Meerrettich verursacht keine Tränen, wenn man ihn durch die Mandelmühle dreht. Zerkleinerter Meerrettich muß sofort mit Essig oder Zitronensaft befeuchtet werden, sonst färbt er sich an der Luft bräunlich. Frisch geriebener Meerrettich wirkt nicht mehr so stark, wenn man ihn auf einem Sieb über Wasserdampf hält. Angerissene Stücke in Alufolie wickeln

Muskatnuß verfeinert Fleisch- und Fischsoßen

Paprika nie in siedendes Fett geben, sonst wird er bitter. Topf vom Feuer nehmen. Paprika unterrühren, etwas heißes Wasser zugießen, weiterkochen. Auf ½ kg Fleisch rechnet man 1 Eßlöffel Edelsüßpaprika

Petersilie, gewiegt, in wenig Butter gedünstet, verfeinert eine Béchamelsoße für Fischragouts

Pfeffer. Zu hellen Suppen und Soßen möglichst weißen verwenden, schwarzer Pfeffer ist zu erkennen

Salbei in Verbindung mit Thymian, Beifuß und Zwiebeln zu weißem Fleisch, wie Kaninchen, verwenden

Salz. Reiskörner im Salzstreuer saugen Feuchtigkeit auf

Spekulatiusgewürz besteht aus Zimt, Macis, Kardamom und Nelken

Schmalz, mit Salbei, Thymian, Beifuß, Zwiebeln und Äpfeln ausgebraten, eignet sich bestens zum Anbraten von Fleisch

Senf. Hammelfleisch verliert seinen strengen Geschmack, wenn man es nach dem Salzen und Pfeffern mit Senf bestreicht, angetrockneten Senf mit etwas Essig oder Zucker durchrühren. Senf darf nicht kochen (Senfsoße)!

Tomaten verlangen in Gerichten eine Prise Zucker

Tomatenmark und etwas gebräunter Zucker verfeinern dunkle Mehlsoßen

Wacholderbeeren und Knoblauch machen einen Kaninchenbraten herzhafter

Zitronen halten sich angeschnitten besser auf einem mit Salz bestreuten Porzellanteller. Zitronensaft oder Essig verfeinern holländische Soßen

Zucker kann man sparen, wenn man nach dem Kochen süßt

Zwiebel als Gewürz soll nicht vorschmecken, sondern so dosiert sein, daß sie ihr Aroma mitteilt, ohne den Eigengeschmack zu verdrängen. Zwiebelringe schmecken geröstet besser, wenn man sie vorher etwas salzt. In Öl und wenig Zucker gebräunt, verfeinern gehackte Zwiebeln eine Tomatensoße. Man kann auch ein wenig Zwiebel roh daran reiben. Fleischbrühe gewinnt an Geschmack und Aussehen, wenn man ein Stück ungeschälte, scharf geröstete Zwiebel hineingibt. Tränen vermeidet man, wenn man die Zwiebel beim Schälen unter Wasser hält. *Zwiebelpulver* vorher in wenig Wasser auflösen

Es gibt 5 Methoden, Kräuter für den Winter aufzubewahren:

1. Trocknen. Gewürzkräuter dürfen nur bei trockenem Wetter geerntet werden und möglichst nicht in den Mittagsstunden. Nach raschem Abbrausen werden sie am besten in kleinen Bündeln zusammengefaßt und luftig aufgehängt oder, von den Stielen befreit, auf Blechen oder Papierbogen getrocknet. Öfter wenden! Nicht in die Sonne hängen oder legen! Nach dem Trocknen Blätter und feine Stiele zerreiben und luftdicht aufbewahren.

2. Einsalzen. Die Kräuter nach dem Waschen fein hacken und schichtweise mit Salz in Steintöpfe oder Gläser (1 Teil Salz, 4 bis 5 Teile Kräuter) einlegen. Auch Kräutermischungen eignen sich zum Einsalzen.

3. In Essig einlegen. Kräuter nach dem Waschen im Mixer zerkleinern oder durch den Wolf drehen, in kleine Gläser fest eindrücken und so viel Weinessig zugießen, daß er einen Finger breit darüber steht. Kühl stellen.

4. In Öl einlegen. Kräuter wie unter 3 behandeln, nur mit Öl bedecken.

5. Einfrieren. Die Blätter waschen, fein hacken, je einen Teelöffel voll in die einzelnen Fächer der Gefrierschale geben, mit Wasser auffüllen und gefrieren lassen. Größere Mengen zu einem Block gefrieren lassen und dann in Alufolie gewickelt in der Tiefkühltruhe aufbewahren.

Wie halten wir Kräuter frisch?

Ins Wasser stellen, täglich das Wasser wechseln. (3 bis 5 Tage)
In den Kühlschrank ins Gemüsefach legen oder in Folie einschlagen. Ohne Kühlschrank: einen Steingutbecher nehmen, mit Folie zubinden. (bis 14 Tage)

Essigbereitung mit Kräutern

Estragonessig: 150 bis 200 g kleingeschnittene Estragonblätter mit 1 l Weinessig übergießen. Nach 3 bis 4 Wochen verwendungsfähig.

Beigaben nach Wunsch: Lorbeerblatt, kleine Zwiebeln, Nelken, Liebstöckel, Bohnenkraut, Zitronenscheiben.

Kräuteressig: Estragon, Dill, Melisse, Basilikum, Liebstöckel, dazu: Meerrettichwürfel, Lorbeerblatt, Nelken, Wacholderbeeren und Senfkörner.

Knoblauchessig: 50 g Knoblauchzehen (zerquetscht), einige Gewürznelken, 5 g Ingwer (im Stück), 1/2 Lorbeerblatt mit 1/2 l Weinessig übergießen. Gut verschlossen 2 Wochen kühl stellen. Zum Würzen nur wenige Tropfen nehmen.

Eigenes Kraut auf dem Balkon

Was tun, wenn der Garten viel zu weit weg ist, wenn man Stunden braucht, um von dort ein Bündel Küchenkräuter zu holen? Wenn es im nächsten Gemüseladen oft nur Schnittlauch und Petersilie gibt und nicht – was Sie gerade so gern hätten – frisches Basilikum oder frischen Kerbel?

Da gibt es nur eine Lösung: eine Miniaturplantage mit eigenem Kraut auf dem Balkon oder am Küchenfenster.

Kräuter haben die meiste Würzkraft, wenn sie ganz frisch verbraucht werden, taufrisch sozusagen. Außerdem: Macht es nicht Spaß, in einem eigenen Kräuterbeet zu zupfen – hier ein Blättchen, dort einen Stengel zu nehmen und, feingewiegt, in die Suppe zu geben? Sie müssen nicht herumsuchen, niemanden fragen, und der Weg vom Kräuterbeet zum Suppentopf ist ja so kurz – kürzer geht's nicht.

Schauen Sie sich Ihren Balkon genau an. Da ist bestimmt Platz, um auf beiden Seiten Blumenkästen oder Töpfe aufzustellen. Auch unterhalb der Brüstung oder an der Hauswand läßt sich ein Regal unterbringen. Oder aber – eine ausgediente Leiter tut es auch. Man kann sie bunt anstreichen. Wenn sie gegen die Hauswand gelehnt und befestigt wird, können daran mehrere Blumenkästen, Obstkörbe oder Töpfe hängen. Übereinander nehmen sie den geringsten Platz ein.

Erde gibt es überall. Den Samen kann man sich kaufen. Und der Wasserhahn ist auch in der Nähe. Also kann es losgehen. Gartenkresse keimt schon, ehe man es sich versieht, nach zwei Tagen. In einer reichlichen Woche kann man schon zu ernten beginnen.

Damit es bunter rankt, kommt in den untersten Topf oder Kasten Kapuzinerkresse. Die Ranken werden später so geführt, daß sie die anderen Pflanzen nicht verdecken. Die Kapuzinerkresse liefert Blätter, Blüten und Knospen, die ausgezeichnet zu Butterbrot und gekochten Eiern schmecken. Servieren Sie zu einem gemütlichen Sonntagsfrühstück ein weichgekochtes Ei mit Kresse und Radieschenscheiben und dazu mit Delikateßmargarine oder Butter bestrichenes Vollkornbrot. Stippen Sie die Kresse mit der Gabel leicht in das warme Eigelb, und essen Sie dazu abwechselnd Radieschenscheiben und Butterbrot.

Über die Kapuzinerkresse kommen alle anderen Kräuter, in reicher Vielfalt an Farbe und Form, vom dunklen Graugrün bis zum zarten Lindgrün, vom gefiederten Stengel bis zum dicken Fettblatt. Und wenn es soweit ist, werden diesem Kleingarten aromatische Düfte entströmen.

Sie blicken nach der Grünanlage vor Ihrem Haus. Meinen Sie vielleicht? Ja, das wäre auch eine Idee! Was spricht eigentlich dagegen, dort zwischen Blumen und Sträuchern Gewürzkräuter zu pflanzen zur Freude und zum Nutzen aller interessierten Mieter des Häuserblocks? Geeignet dafür wären zum Beispiel Salbei, Thymian, Melisse. An der Hauswand oder am Zaun ist vielleicht auch Platz für Liebstöckel und Estragon. Ganz bestimmt finden sich Freiwillige, die sich dieser Kräuter annehmen und darauf achten, daß sie sich in den Rahmen der allgemeinen Anlagen einfügen. Von abgezirkelten Beeten oder in Reihen gepflanzten Küchenkräutern kann dabei natürlich keine Rede sein.

Niedrige Kräuter, wie Tripmadam, Portulak, Löffelkraut, Weinraute und Thymian, lassen sich für reizvolle Einfassungen verwenden. Salbei mit seinen silbergrauen Blättchen, der zur Zeit der Blüte ständig von Bienen umsummte Thymian und Borretsch mit den hübschen blauen Blüten und den behaarten Blättern passen ausgezeichnet in Blumen- und Staudenanlagen. Der Lavendelhalbstrauch mit zartblauen Blütenständen, der violettblau blühende Ysop und die über Steine und Trockenmauern kriechende Tripmadam eignen sich für Steingärten.

Aus unserer Pflanztabelle ist zu ersehen, welche Kräuter wofür in Frage kommen. Wenn hier und da einige Triebe und Blättchen abgepflückt werden, so braucht die Anlage insgesamt gesehen darunter nicht zu leiden. Vielleicht sollte man in dieser Angelegenheit einmal mit der Wohnungsverwaltung oder der Stadtgärtnerei sprechen.

Für Gartenbesitzer ist das Anlegen eines Kräuterbeetes kein Problem. Auf drei bis vier Quadratmetern kann man gut zehn bis zwölf Kräuterarten anbauen, von den ausdauernden Pflanzen genügt oftmals eine einzige. Der Bedarf für den Haushalt wird häufig weit überschätzt. Es müssen nicht immer die vollen Samentüten geleert werden. Mitunter genügt es auch, einzelne einjährige Pflanzen in Gärtnereien, auf Wochenmärkten oder in Samenhandlungen zu kaufen.

Das Kräuterbeet unterteilt man zweckmäßig in einjährige, zweijährige und ausdauernde Pflanzen, wobei zu überlegen ist, ob man von den letzteren nicht die eine oder andere in Blumen- oder Staudenanlagen unterbringt.

Die einjährigen Kräuter sollen jährlich einen anderen Standort erhalten, die ausdauernden können drei, vier Jahre und noch länger auf demselben Platz bleiben. Die meisten Kräuter gedeihen am besten in humusreichem, lockerem Boden und brauchen reichlich Sonne.

Gesät wird im März, entweder im Freien oder in ein Frühbeet. Ein Blumentopf im Zimmer oder eine mit Erde gefüllte Kiste tun es auch. Der Samen wird leicht mit Erde bedeckt. Eine Faustregel besagt: So viel Erde, wie der Samen stark ist. Die Saatbeete müssen ständig feucht gehalten werden.

Nun wappnen wir uns mit Geduld. Manche Kräuter brauchen lange, bis sich die ersten grünen Spitzen zeigen. Bei Bohnenkraut, Koriander, Dill, Lavendel, Majoran, Petersilie, Thymian dauert es ungefähr drei Wochen. Basilikum, Fenchel, Salbei, Ysop brauchen 14 Tage. Beifuß, Borretsch, Kerbel und Löffelkraut 7 bis 10 Tage.

Zur leichteren Unkrautbekämpfung empfiehlt es sich, in Reihen zu säen. Nach dem Aufgehen müssen zu eng stehende Pflänzchen behutsam verzogen werden, damit sich die anderen besser entwickeln können. Häufiges Gießen – am besten · mit abgestandenem Wasser – und öfteres Auflockern des Bodens tragen zum kräftigen Wachstum bei.

Blattgewürze sollen nach Möglichkeit in den Morgenstunden, nach dem Abtrocknen des Taus, geerntet werden, sie sind dann am aromatischsten. Es hat also nichts mit Magie zu tun, wenn in alten Kräuterbüchern immer wieder der geheimnisvolle Hinweis steht, Kräuter vor „Tau und Tag" zu brechen. Während der heißen Mittagsstunden ist der Gehalt an ätherischen Ölen am geringsten. Einzelheiten über den Kräuteranbau vermittelt die folgende Übersicht.

BASILIKUM
♥❀I❀

Frühbeetaussaat ab April
Pflanzzeit ab Mitte Mai (Basilikum ist frostempfindlich)
Höhe 30 cm
Blätter für den laufenden Bedarf können jederzeit entnommen werden. Ernte zum Trocknen bei Blühbeginn im Juli, Zweiternte im September.
Kleinblättrige Pflanzen sind würzkräftiger.

BEIFUSS
❀ **A**

Frühbeetaussaat März
Pflanzzeit Ende April
Höhe 1 m
Beifuß anzupflanzen lohnt sich kaum, er wächst wild auf Ödland, an Hecken und Feldern.
Die Blätter sind ungenießbar. Man verwendet die entblätterten Blütenrispen frisch und getrocknet kurz vor dem Aufblühen.

**BOHNEN-
KRAUT**
♥❀I

Frühbeetaussaat März/April
Freilandaussaat ab Mitte Mai (Bohnenkraut ist frostempfindlich)
Pflanzzeit Mai (2–4 zarte Jungpflanzen zusammennehmen)
Höhe 25 cm
Juni bis Oktober steht Bohnenkraut frisch zu Verfügung.
Kurz vor Knospenansatz und während der Vollblüte hat es die höchste Würzkraft und kann zum Trocknen verwendet werden.

BORRETSCH
✽❀I

Freilandaussaat ab März
Folgeaussaaten während des ganzen Sommers
Höhe 50 cm
Die jungen Blätter können bereits Ende Juni entnommen werden.
Getrocknet sind sie wertlos.

DILL
✽I

Freilandaussaat März bis Anfang August
Folgeaussaaten alle vier Wochen
Höhe bis 1 m
Zur Frischkost werden nur die jungen Triebe verwendet, so daß
man den Dill auf dem Balkon nicht so hoch schießen zu lassen
braucht. Getrocknet büßen die Dillblättchen sehr viel von ihrem
Aroma ein. Das alte Kraut mit Blüten wird zum Einlegen von Gur-
ken verwendet.

ESTRAGON
✽❀A

Pflanzzeit April (Stockteilung)
Höhe 75 cm (öfters Boden lockern)
Ernte der jungen Blätter und Triebe von April bis Oktober, im ersten Jahr nur wenig entnehmen. Beim Trocknen verliert Estragon
viel an Aroma.
1 Pflanze genügt für eine vierköpfige Familie.

FENCHEL
✽II

Frühbeetaussaat Mai
Pflanzzeit März/April des folgenden Jahres
Höhe 1,50 m
Wer auf Fenchelkraut Wert legt, sollte einige wenige Fenchelsamen
aussäen. Fenchelsamen (Fencheltee) ist jederzeit käuflich zu erwer-
ben, so daß auf das umständliche Überwintern der Pflanzen in
Frühbeetkästen oder im Keller verzichtet werden kann.

**GARTEN-
KRESSE**
✽I

Aussaat das ganze Jahr über
Folgeaussaaten alle 14 Tage
Gartenkresse muß feucht, aber nicht zu naß gehalten werden, sie
wächst auch ohne Erde, z. B. in feuchter Watte, wird allerdings nicht
so groß. Sie kann den ganzen Winter über im Zimmer gezogen werden.
Zum Trocknen ungeeignet.

**KAPUZINER-
KRESSE**
✽❀I❀

Frühbeetaussaat März oder ab Mitte Mai im Freien
Pflanzzeit Mitte Mai (wenig gießen)
Ernte Juni bis Oktober (Blätter, Blütenknospen, Blüten)
Zum Trocknen ungeeignet.

K E R B E L

✿ **I**

Freilandaussaat ab März bis Ende April (nicht zu dicht säen!)
Folgeaussaaten alle 4 Wochen
Ernte, sobald das Kraut 25–30 cm hoch ist, dann schmeckt es am besten. Blühender Kerbel ist wertlos. Eine Handbreit über dem Boden abgeschnitten, treibt er ein zweites Mal. Kerbel kann wie Gartenkresse im Winter am Küchenfenster gezogen werden. Bis sich die Sämlinge zeigen, kann er dunkel stehen.
Getrocknet hat Kerbel nur wenig Würzkraft.

K O R I A N D E R

✿☼ **I**

Freilandaussaat März/April
Höhe bis 60 cm
Koriander reift in unseren Breiten nur unter sehr günstigen Bedingungen. In den Mittelmeerländern wird das Kraut auch frisch zu Salaten verwendet. Wer Wert darauf legt, kann Koriander auch im Blumentopf ziehen. Vor der Samenreife die Pflanze herausziehen. Die Dolden trocknen und die abfallenden Früchte sammeln.

K Ü M M E L

✿ **II**

Freilandaussaat April
Ernte im 2. Jahr Ende Juni
Kümmel selbst anzubauen lohnt sich nicht, es sei denn, man legt Wert auf die jungen grünen Blätter, die zu grünen Salaten passen. Der als Gewürz verkaufte Kümmel eignet sich wegen zu geringer Keimfähigkeit nicht zum Säen.

L A V E N D E L

✿☼❀ **A**

Frühbeetaussaat März/April
Pflanzzeit Mitte bis Ende Mai
Leichter ist die Anzucht durch Stockteilung
Höhe 50 cm
Ernte der Blätter und Triebspitzen den ganzen Sommer.
Eine Pflanze deckt den Bedarf einer vierköpfigen Familie.

L I E B -
S T Ö C K E L

✿❀ **A**

Pflanzzeit März/April
Höhe 1,50 m
Junge Pflanzen kann man auch in einem Blumentopf oder -kasten ziehen und den Sommer über Blätter entnehmen. Die Pflanze wuchert allerdings stark und eignet sich besser für den Garten, wo sie auch mit Halbschatten zufrieden ist.
Getrocknet ist Liebstöckel noch würzkräftig. Auch die Wurzeln sind getrocknet für Suppen zu gebrauchen.
Eine Pflanze deckt den Bedarf einer vierköpfigen Familie.

**LÖFFEL-
KRAUT**
II ✿

Freilandaussaat Ende Mai oder September (feucht halten)
Höhe 30–40 cm
Ernte der frischen Blätter im 2. Jahr von April bis Winter.
Zum Trocknen ungeeignet.

MAJORAN
♣ I ✿ A

Frühbeetaussaat März/April
Pflanzzeit Mitte Mai (oft harken, braucht viel Sauerstoff)
Höhe 30 cm
Ende Juli – nach Entwicklung der Blütenknospen – erfolgt die Ernte, da die Pflanze zu dieser Zeit am würzkräftigsten ist. Bis auf 3 cm
zurückschneiden, dann treibt sie nochmals aus. Bis zu drei Ernten
im Jahr.
10 Pflanzen reichen für eine vierköpfige Familie.

MELISSE
♣ ✿ ❀ A

Frühbeetaussaat März/April
Pflanzzeit Mai (feucht halten)
Höhe 50–60 cm
Ernte den ganzen Sommer über. Für den Wintervorrat und als Tee
kurz vor der Blüte die Triebe abschneiden und nach dem Trocknen
die Blätter abstreifen.

**PETER-
SILIE**
♣ I II

Freilandaussaat März bis April, falls Boden frostfrei, schon im Fe-
bruar
Es gibt Blattpetersilie mit gekrausten und Wurzelpetersilie mit glatten Blättern. Letztere ist kräftiger im Geschmack. Im September
kann die Petersilie in Töpfe gepflanzt und ans Küchenfenster gestellt werden.

**PFEFFER-
MINZE**
♣ A

Pflanzzeit April oder September
Ernte einzelner Blätter jederzeit, zum Trocknen kurz vor der Entwicklung der Knospen. Pfefferminze kann zwei- bis dreimal im Jahr
geerntet werden.
Fünf bis sechs Pflanzen genügen für eine vierköpfige Familie.

PIMPINELLE
♣ ✿ A

Freilandaussaat April
Höhe 40 cm
Ernte der jungen Blätter das ganze Jahr über (Blütenansätze ent-
fernen).
Im September Pflanzen eintopfen und ans Küchenfenster stellen.
Zum Trocknen ungeeignet.

PORTULAK

Freilandaussaat Mitte Mai bis August
Höhe 15 cm
Ernte vor Blühbeginn, etwa 3 Wochen nach dem Aufgehen der Saat.
Portulak braucht reichlich Feuchtigkeit und Sonne.
Zum Trocknen ungeeignet.

RAUTE

Pflanzzeit April oder September
Höhe 70–80 cm
Einzelne Blätter können bereits ab Mai entnommen werden, die beblätterten Triebe werden vor Blühbeginn 15 cm über dem Erdboden abgeschnitten. Nur in kleinen Mengen als Gewürz zu verwenden.
1 Pflanze genügt für eine vierköpfige Familie.

ROSMARIN

Pflanzzeit Mitte Mai
Höhe 60–70 cm
Die jungen Blättchen und Triebspitzen stehen das ganze Jahr über zur Verfügung. Ernte zum Trocknen vor der Blüte.
Der immergrüne Rosmarin ist frostempfindlich. Es ist besser, ihn im Herbst einzutopfen und den Winter über auf ein sonniges Fensterbrett zu stellen.
1 Pflanze genügt für eine vierköpfige Familie.

SALBEI

Frühbeetaussaat März
Pflanzzeit April/Mai (auch Stockteilung)
Höhe 50 cm
Ab Mai bis September können die behaarten, leicht bitter schmekkenden Blätter frisch verwendet werden. Nach dem Trocknen – vor der Blüte – ist das Aroma intensiver.
1 Pflanze ist ausreichend für eine vierköpfige Familie.

SCHNITT-LAUCH

Frühbeetaussaat März
Pflanzzeit Mai (am besten Stockteilung)
Kräftige Schnittlauchbüschel pflanzt man im September in Töpfe für den Wintervorrat. Er läßt sich aber auch im Winter im warmen Zimmer neu ziehen. Man schneidet ihn dicht über der Erde ab und läßt vor einem neuen Schnitt die Röhren voll auswachsen.

SENF
✿ ☀ **I**

Freilandaussaat Ende März bis Mai
Ernte Juli/August
Die zarten jungen Blätter sind wie Kresse eßbar und ziehbar. Sie
können also auch im Winter ausgesät werden. Die im Handel ver-
kauften Senfkörner eignen sich jedoch schlecht zur Aussaat, es muß
extra Samen dafür gekauft werden.

THYMIAN
✿ ☀ ❀ **A**

Frühbeetaussaat März/April
Pflanzzeit Mai
Höhe 25 cm
Von Mai bis August können jederzeit für den laufenden Bedarf
Triebe entnommen werden. Mai/Juni und Ende August werden sie
zum Trocknen abgeschnitten. Es genügen ein bis zwei Pflanzen, die
man beim Gärtner erhält und sich somit die Anzucht sparen kann.

TRIPMADAM
✿ ☀ ❀ **A**

Pflanzzeit April durch bewurzelte Triebe
Höhe 15 cm
Ernte Juni bis September
Auf mageren Böden entwickelt sie die beste Würzkraft. Sie wächst
an steinigen, sonnigen Plätzen wild und eignet sich besonders für
Steingärten und Mauern.
Zum Trocknen ungeeignet.

YSOP
✿ ❀ **A**

Frühbeetaussaat März
Freilandaussaat April
Höhe 50 cm
Einzelne Blättchen können den ganzen Sommer über von der
Pflanze entnommen werden, im ersten Jahr darf man jedoch noch
keine Triebe abschneiden.
Da 2 Pflanzen für eine vierköpfige Familie bereits genügen, ist es
einfacher, sich diese vom Gärtner zu besorgen.

Zeichenerklärung:

✿   Topfpflanze, Blumenkasten   **II**   zweijährig

☀   sonniger Standort   ❀   als Zierpflanze geeignet

I   einjährig   **A**   ausdauernd

Literaturverzeichnis

Autorenkollektiv: Das Buch von der schmackhaften und gesunden Kost, Moskau 1955

Böhmig, F.: 300 Ratschläge für den Gewürzkräutergarten, Radebeul 1962

Brillat-Savarin, J.: Physiologie des Geschmacks, 1888

Dörfler-Roselt: Unsere Heilpflanzen, Leipzig 1962

Halasz, Z.: Das Buch vom ungarischen Paprika, Budapest 1963

Krell, A.: Warenkunde Lebensmittel, Leipzig 1969

Maslow, L.: Fischgerichte, Moskau 1958

Ludewig, J. P.: Großes vollständiges Universal Lexikon aller Wissenschaften und Künste, Leipzig 1732

Pirusjan, A. C.: Armenische Kochkunst, Moskau 1960

Schulze, W.: Gewürze und sonstige Würzmittel, Leipzig 1958

Wolper, I. N.: Legendy i byl o produktow, Moskau 1969

Zobel-Wnuck: Neuzeitliche Gemeinschaftsverpflegung, Fachbuchverlag Leipzig 1969

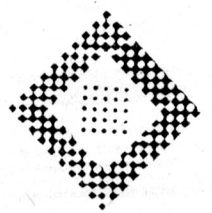